LEKTÜRESCHLÜSSEL
FÜR SCHÜLERINNEN UND SCHÜLER

Jean-Paul Sartre
Huis clos

Von Bernd Krauss

Philipp Reclam jun. Stuttgart

Dieser Lektüreschlüssel bezieht sich auf folgende Textausgabe in der Originalsprache: Jean-Paul Sartre: *Huis clos*. Hrsg. von Monika Beutter, Werner Höfer und Hans-Dieter Schwarzmann. Stuttgart: Klett, 1981 [u. ö.]. (Texte et documents.)

RECLAMS UNIVERSAL-BIBLIOTHEK Nr. 15411

Gesamtherstellung: Reclam, Ditzingen
Printed in Germany 2008

ISBN 978-3-15-015411-3

www.reclam.de

Inhalt

1. Erstinformation zum Werk

Huis clos, Sartres erfolgreichstes Theaterstück, das seit seiner Uraufführung 1944 bis heute seinen Platz auf den Bühnen der Welt nicht verloren hat, ist eine Auftragsarbeit.[1] Ein Freund bat Sartre, für seine Frau und eine weitere befreundete Schauspielerin ein Stück zu schreiben, ein Stück, dessen Inszenierung wenig kosten sollte und das man in Paris und in verschiedenen Provinzstädten aufführen konnte. Das bedeutete: wenige Personen, ein einziges, möglichst einfaches Bühnenbild, keine aufwendigen Kostüme. Um keinen der drei ihm freundschaftlich verbundenen Schauspieler zu benachteiligen, wollte Sartre drei Rollen von gleicher Länge und gleicher Bedeutung schaffen. Es galt also, eine Situation zu erfinden, in der keine der drei Personen den Raum verlassen konnte. Zunächst sollte das Stück in einem Luftschutzkeller spielen, in den sich die Personen während eines Bombenangriffs geflüchtet haben. Dann wählte Sartre als Ort der Handlung eine ›Hölle‹ und damit eine Situation, die ewig andauert und aus der es kein Entrinnen gibt.

Entstehung

Sartre hat in einem Interview erklärt, dass ihn seine Erfahrungen als Kriegsgefangener zur Wahl dieser Situation in-

Auftragsarbeit: **l'œuvre** (f.) **de commande**
Inszenierung: **la mise en scène**
Bühnenbild: **le décor**
aufwendig: **coûteux(-se)**
Luftschutzkeller: **l'abri** (m.) **antiaérien**
Bombenangriff: **le bombardement**

Historischer Hintergrund

spiriert haben. Durch das Zusammengepferchtsein, das Leben unter dem ständigen Blick der anderen im Stalag[2] sei eine Hölle entstanden, die er nie vergessen habe. Das Eingeschlossensein, ein Motiv, das Sartre in verschiedenen Werken immer wieder dargestellt hat, prägte auch die Lage der Pariser Bevölkerung unter der deutschen Besatzung. Demarkationslinien, Passierscheine, die es zu beantragen galt, nächtliche Ausgangssperren, abgeriegelte Straßen, ständige Personenkontrollen, die totale Überwachung, all dies ließ ein kaum erträgliches Kerkerklima entstehen. »Ils« sagten die Pariser, wenn sie von dem anonymen Regime der Besatzer und ihrer französischen Helfershelfer sprachen, und Inès nennt die unsichtbare Macht, die sie in dieser Hölle zusammengeführt hat, mit demselben Pronomen: »Ils ne laissent rien au hasard« (20,6)[3], »Je vous dis qu'ils ont tout réglé« (20,27).

Manche aktuellen Anspielungen sind heute kaum nachvollziehbar. So war für die damaligen Zuschauer die Bemerkung des Kellners: »Nous avons l'électricité à discrétion« (11,39) ein bitter-ironischer Kommentar zu den häufigen Stromausfällen in der Stadt. Das brutale Verhör, das

Zusammengepferchtsein: **la promiscuité**
Eingeschlossensein: **la séquestration**
Passierschein: **le laisser-passer**
etw. beantragen: **faire la demande de qc**
Ausgangssperre: **le couvre-feu**
etw. abriegeln: **boucler qc**
Helfershelfer: **le collaborateur**
Anspielung: **l'allusion** (f.)
bitter: **amer(-ère)**

Inès und Garcin mit Estelle veranstalten, konnte als Anspielung auf die Gestapomethoden der Nazis verstanden werden.

Dennoch ist *Huis clos* kein politisches Stück im engeren Sinne. Die Besatzungsmacht und das deutschfreundliche Vichy-Regime[4] werden nicht direkt an den Pranger gestellt, weshalb die deutsche Zensur das Stück nach einigem Zögern zur Aufführung freigab. Sartre selbst gibt zu, dass er sein Denken unter einem faschistischen Regime verkleiden musste, weil es sonst unmöglich gewesen wäre, das Stück auf die Bühne zu bringen.

Thematik

Der ursprüngliche Titel *Les Autres*, unter dem Sartre den Text bereits vor der Aufführung veröffentlicht hatte, weist auf das zentrale Thema des Stückes hin, das er in seinem ersten philosophischen Werk *L'Être et le Néant* theoretisch erörtert hat: Die Beziehungen des Individuums zu den anderen. Die Grundposition ist hierbei folgende: Da das, was ich von mir weiß, nur subjektiv ist, brauche ich den anderen, der mich von außen sieht, wenn ich wissen will, wie ich objektiv bin. Ich bin also abhängig von diesem fremden Blick, der mich zum Objekt macht, der aber nicht berücksichtigen kann, was ich für mich bin. Insofern kann der andere kein wahres Bild von mir haben, zumal sein Urteil beeinflusst wird von der Qualität der Beziehungen, die

im engeren Sinn: **au sens propre du terme**
deutschfreundlich: **germanophile**
jdn. an den Pranger stellen: **dénoncer qn**
faschistisch: **fasciste**
zu den anderen: **à autrui**
etw. berücksichtigen: **tenir compte de qc**

ich zu ihm habe. Dieses Dilemma hat Sartre mit dem berühmten Satz »L'enfer, c'est les Autres« auf den Punkt gebracht, ein Satz, der allerdings, wie wir sehen werden, komplexer ist, als es den Anschein hat[5].

Beziehungen zu den anderen, Verkrustung und Freiheit, so definiert der Autor selbst die drei Themen des Stückes, wobei Verkrustung und Freiheit zwei Seiten eines Problems sind und damit als ein Thema betrachtet werden können. Denn verkrustet sein heißt nicht frei sein, heißt verharren in dem, was ist, heißt, den Wandel, das ständige Werden abzulehnen. Für Sartre bedeutet Freiheit zuerst, dass der Mensch verantwortlich ist für das, was er ist, und dass er diese Verantwortung auf sich nehmen muss.

Nun hat Sartre allerdings keine freien Menschen auf die Bühne gestellt, die zeigen, wie man sich verhalten soll. Im Gegenteil: Seine Figuren sind feige, sie belügen sich selbst und die anderen, sie verraten ihre Freiheit, indem sie sich hinter vorgefertigten falschen Phrasen verstecken.

Dilemma: **le dilemme**
Verkrustung: **l'encroûtement** (m.)
etw. auf sich nehmen: **assumer qc**
etw. verraten: **trahir qc**
vorgefertigte Phrasen: **des phrases** (f.) **toutes faites**

2. Inhalt

Huis clos, ein Stück in einem Akt, besteht aus fünf Szenen: Die ersten vier Szenen sind die Exposition, die fünfte enthält die eigentliche Handlung des Stückes.

Die Expositionsszenen

Die Exposition eines Dramas hat die Aufgabe, dem Zuschauer die Informationen zu übermitteln, die er braucht, um dem Bühnengeschehen folgen zu können. Hier werden der Ort und die Personen der Handlung vorgestellt, erste Charakter- und Persönlichkeitsmerkmale werden deutlich. Dramatische Spannung entsteht durch das Informationsgefälle zwischen Bühne und Zuschauerraum. Die Personen ergehen sich in rätselhaften Andeutungen. Dass dieses Hotelzimmer die Hölle ist, in der drei Personen für immer eingeschlossen sind, um sich gegenseitig zu quälen, erfährt man erst nach und nach. Direkt ausgesprochen wird das Wort »enfer« erst in der fünften Szene.

Ein Mann betritt in Begleitung eines Etagenkellners die Bühne, die einen Salon im Second-Empire-Stil[7] darstellt.

Merkmal: **le trait**
Spannung: **le suspense**
Informationsgefälle: **le décalage d'informations**
rätselhaft: **mystérieux(-se)**
Andeutung: **l'allusion** (f.)
Bühne: **la scène**

Szene 1 und 2: Garcins Auftritt

Das Mobiliar missfällt ihm: Drei Sofas, eine Bronzefigur auf dem Kamin, keine Fenster, keine Spiegel.

Hier gibt es keine Zahnbürste, weil man sich nicht die Zähne putzt, keine Betten, weil man niemals schläft. Das Licht lässt sich nicht löschen. Nur die Direktion könnte den Strom abstellen, hat es aber noch nie getan. Außerhalb des Zimmers sind andere Zimmer, Flure, Etagen. Eine Welt außerhalb dieses Hotels scheint es nicht zu geben.

Unbestimmte Ortsangaben dienen eher der Verwirrung als der Information. »Da sind wir also«, ist der allererste Satz des Mannes, und der Kellner antwortet: »Da sind wir.« Der Mann fragt den Kellner, ob er wisse, was man »da unten« erzählt über »all dies«, woraufhin der Kellner über den Blödsinn von Leuten spottet, die nie ihren Fuß »hierher« gesetzt hätten. Rätselhaft erscheint auch die scheinbar unmotivierte Frage des Mannes nach den Folterinstrumenten. Immerhin lässt sich aus der ironischen Wiederholung des Wortes »Leben« schließen, dass die Personen, die hierher kommen, tot sind.

Der Mann versucht, in dieser unerträglichen Situation Haltung zu bewahren. Er will »der Situation ins Gesicht sehen«. Dass er tatsächlich Angst hat, zeigt sich am Ende der Szene: Als der Kellner das Zimmer verlassen will, zuckt er zusammen und versucht mehrmals, ihn aufzuhalten. Er

jdm. missfallen: **déplaire à qn**
unbestimmt: **vague**
Ortsangabe: **l'indication** (f.) **de lieu**
Verwirrung: **la confusion**
Haltung bewahren: **garder son sang froid**
zusammenzucken: **sursauter**

fragt nach der Klingel, die offenbar nicht funktioniert, er »macht eine Gebärde, um ihn aufzuhalten«, erkundigt sich nach der Funktion des Papiermessers. Schließlich muss er den Kellner ziehen lassen.

Allein gelassen gerät der Mann in Panik. Er versucht mehrmals zu läuten, aber die Klingel funktioniert nicht. Dann trommelt er gegen die Tür und ruft vergeblich nach dem Kellner. Als sich der Mann, um sich zu beruhigen, auf das Sofa setzt, geht die Tür auf.

Szene 3: Inès' Auftritt

Eine Frau tritt ein, wieder in Begleitung des Kellners, der, enttäuscht darüber, dass der neue Gast keine Fragen stellt, sich sofort zurückzieht. Sie erkundigt sich nach einer gewissen Florence, deren Anwesenheit sie wohl erwartet hat. Als die Frau den Mann für den Folterknecht hält, stellt er sich vor, um den Irrtum aufzuklären: »Garcin, publiciste et homme de lettres« (14,1). Auch sie nennt ihren Namen, Inès Serrano, wobei sie zu verstehen gibt, dass sie auf die Anrede Fräulein Wert legt. Inès' Vermutung, Garcin habe Angst, wie alle Folterknechte, weist er entrüstet zurück. Seinen Vorschlag einer friedlichen Koexistenz durch Stillschweigen und gegenseitige Höflichkeit lehnt Inès brüsk ab (»Je ne suis pas polie«, (14,27) und wirft ihm im selben Atemzug das nervöse Zucken seines Mundes vor, ein äußeres Zeichen seiner Angst, das er nicht zu unterdrücken vermag. Inès scheint

vergeblich: **en vain/vainement**
Vermutung: **la supposition**
entrüstet (adv.): **d'un air indigné**
gegenseitig: **mutuel(le)**
etw. unterdrücken: **réprimer qc**

mit der Situation besser fertig zu werden. Angst hat sie nicht, weil an diesem Ort, wo es keine Hoffnung gibt, Angst sinnlos geworden ist.

Szene 4: Estelles Auftritt

Als Letzte führt der Kellner eine elegante junge Frau herein. Sie erschrickt, als sie Garcin erblickt, der sein Gesicht in den Händen verbirgt. Wie Inès hat sie einen Bekannten erwartet, jemanden, der anscheinend kein Gesicht mehr hat. Als sie ihren Irrtum erkennt, ist sie erleichtert. Auch die Ankündigung des Kellners, dass nun niemand mehr komme, scheint sie zu beruhigen. Die Hässlichkeit der Möbel amüsiert sie, aber sie weigert sich kategorisch, auf dem ihr zugewiesenen Sofa Platz zu nehmen, weil es farblich nicht zu ihrer Kleidung passt. Das von Inès angebotene Sofa lehnt sie aus demselben Grund ab. Garcin überlässt ihr das seine, allerdings erst, nachdem er dazu aufgefordert wurde. Nun nennt die junge Frau ihren Namen: Estelle Rigaut. Als Garcin sich vorstellen will, kommt Inès ihm zuvor. Erste Anzeichen eines Konflikts werden erkennbar. Am Ende entlässt Estelle den Kellner mit einer Arroganz, die darauf schließen lässt, dass sie es gewohnt ist, sich bedienen zu lassen.

Nun sind die drei Personen für immer zusammen in diesem Zimmer eingeschlossen. Das Spiel kann beginnen.

erschrecken: **tressaillir**
erleichtert: **soulagé(e)**
jdn. entlassen: **congédier qn**
aus etw. schließen: **conclure de qc**
jdn. einschließen: **enfermer qn**

Die Handlungsszene

Was der Zuschauer geahnt hat, wird Gewissheit: Die drei Personen sind tot, Estelle seit einem Tag, Inès seit einer Woche, Garcin seit einem Monat. Estelle ist an Lungenentzündung gestorben, Inès an einer Gasvergiftung, Garcin ist erschossen worden. Wir erfahren erste Bruchstücke aus ihrem Leben: Estelle führte ein luxuriöses Leben in großbürgerlichen Kreisen, Inès war Postangestellte, Garcin lebte als Journalist im südamerikanischen Rio. Ihre Unterhaltung wird immer wieder unterbrochen durch Visionen, in denen sie ihre Verwandten und Freunde auf der Erde bei ihren augenblicklichen Verrichtungen sehen. Estelle sieht ihre eigene Begräbnisfeier, wobei sie die gespielte Trauer ihrer Schwester und ihrer besten Freundin mit bitterer Ironie kommentiert. Garcin sieht seine Frau am Gefängnistor und später seine Kollegen aus der Zeitungsredaktion. Inès sieht nur ihr leeres, versiegeltes Zimmer.

Erste Informationen (17–21)

Die Protagonisten sind so verschieden, dass sie sich fragen, warum man gerade sie zusammengeführt hat. Garcin meint, sie würden in der Reihenfolge ihrer Ankunft zusammengeführt, es sei also reiner Zufall, und Estelle

Gasvergiftung: **l'intoxication** (f.) **par le gaz**
Bruchstück: **le fragment**
großbürgerlich: **grand(e)-bougeois(e)**
Verwandter: **le parent**
Verrichtungen: **les activités** (f.)
Begräbnisfeier: **les obsèques** (f.)
etw. versiegeln: **sceller qc**
jdn. zusammenführen: **réunir qn**

stimmt ihm zu. Inès dagegen ist überzeugt, dass man sie ausgesucht hat, dass alles, bis hin zur hässlichen Ausstattung des Zimmers, genau festgelegt worden ist. Warum gerade sie zusammengeführt wurden, weiß auch sie nicht zu sagen.

Inès' Homosexualität

Bereits in diesem ersten Abschnitt werden Inès' homosexuelle Neigungen offensichtlich. Sie versucht auf recht direkte, gar plumpe Art, sich Estelle zu nähern. Sie bewundert deren Schönheit und bedauert, ihr keine Blumen zum Willkommen schenken zu können. Auch ihre einfühlsame Frage, ob Estelle habe leiden müssen, ist ein Indiz. Später meint sie, sie hätte Estelle bestimmt nicht vergessen, wenn sie ihr schon einmal begegnet wäre. Schließlich erklärt sie unverblümt, dass sie Männer nicht besonders mag. Estelle zeigt sich als die Oberflächliche, der es nur auf die äußere Form, gute Manieren und taktvolle Ausdrucksweise ankommt. Das Wort »tot« ist ihr zu roh, sie ersetzt es durch »abwesend«; Garcin muss trotz der Hitze sein Jackett anbehalten, weil Estelle Männer in Hemdsärmeln nicht ertragen kann. Garcin spielt den Ver-

jdm. zustimmen: **être du même avis que qn**
jdn. überzeugen: **convaincre qn**
Ausstattung: **l'agencement** (m.)
Neigung: **le penchant**
plump: **balourd(e), rustre**
sich jdm. nähern: **s'approcher de qn**
einfühlsam: **compréhensif(-ve)**
oberflächlich: **superficiel(le)**
taktvoll: **plein de tact**
Ausdrucksweise: **la façon de s'exprimer; le langage**

nünftigen, der sich des Ernstes der Lage bewusst ist und der sein Leben in Ordnung bringen will.

Um die Gründe ihres Hierseins herauszufinden, soll jeder, so schlägt Inès vor, seine Fehler zugeben und sagen, warum er in der Hölle ist. Estelle hält ihre Anwesenheit für einen Irrtum und begründet dies durch eine rührselige Geschichte, durch die sie sich von jeder Schuld freizusprechen sucht: Als armes Waisenkind musste sie sich um ihren kranken Bruder kümmern und heiratete deshalb einen reichen alten Mann. Nach sechs Jahren traf sie die Liebe ihres Lebens. Der junge Mann wollte sie mit sich nehmen, sie aber weigerte sich standhaft. Dann bekam sie ihre tödliche Lungenentzündung. Estelle beendet ihre Lebensgeschichte mit der rhetorischen Frage, ob das denn ein Vergehen sei. Garcin verneint, wie gewünscht, bevor er seine eigene Geschichte erzählt: Auch er hält sich für unschuldig. Er war Herausgeber einer pazifistischen Zeitung. Als der Krieg ausbrach, weigerte er sich zu kämpfen und wurde erschossen, das heißt, er musste sterben, weil er seinen Grundsätzen treu geblieben ist. Inès prangert die Unaufrichtigkeit der beiden an, indem sie Estelle ironisch als »petite sainte«, Garcin als

Lebensgeschichten (21–24)

Ernst: **la gravité**
etw. zugeben, gestehen: **avouer qc**
rührselig: **attendrissant(e)**
Schuld: **la culpabilité**
sich von etw. freisprechen: **s'acquitter de qc**
jdn. heiraten: **épouser qn**
standhaft (adv.): **avec fermeté** (f.)
kämpfen: **se battre**
jdm./etw. treu: **fidèle à qn/qc**

»héros sans reproche« verhöhnt (23,32). Ihrer Meinung nach ist es sinnlos, sich etwas vorzumachen. Sie alle sind in der Hölle, weil sie Mörder sind. Inès begreift, was hier gespielt wird: Es gibt keine physischen Qualen und keinen Folterknecht, sondern jeder wird der Folterknecht der beiden anderen.

Folterknechte und Opfer in einem

Garcin weigert sich, diese Rolle anzunehmen. Als echter Pazifist will er niemandem etwas Böses tun. Stattdessen schlägt er vor, jeder solle still in seiner Ecke sitzen und sich mit sich selbst beschäftigen. Der Vorschlag wird angenommen, jedoch ist das Schweigen nur von kurzer Dauer. Inès singt das Lied von der *Straße der weißen Kutten*, das auf makabre Weise das Motiv des Folterknechts bzw. Henkers (beides heißt im Französischen »le bourreau«) wieder aufnimmt.

Als Estelle nach einem Spiegel verlangt, nutzt Inès die Gelegenheit zu einem Verführungsversuch, indem sie sich ihr als Spiegelersatz anbietet. Estelle weigert sich, auf das vertrauliche Du von Inès einzugehen, und versucht, den schweigenden Garcin in die Unterhaltung mit einzubeziehen. Um sich für diese Zurückweisung zu rächen, erklärt Inès plötz-

Annäherungsversuche (25–29)

sich etwas vormachen: **se faire des illusions** (f.)
echt: **véritable**
von kurzer Dauer: **de courte durée**
einen Verführungsversuch unternehmen: **tenter de séduire qn**
jdm. als Spiegelersatz dienen: **servir de miroir à qn**
vertraulich: **familier(-ère)**
jdn. in etw. miteinbeziehen: **impliquer qn dans qc**
Zurückweisung: **le rejet**
sich für etw. rächen: **se venger de qc**

lich, Estelle habe einen roten Fleck auf der Wange. Sie dementiert ihre Behauptung sofort wieder und demonstriert so ihre Macht. Da Estelle sich nicht selbst sehen kann, kann sie Inès' Aussagen nicht überprüfen und ist deshalb völlig abhängig von ihr.

Entnervt durch die lautstarke Auseinandersetzung der Frauen, schlägt Garcin ein weiteres Mal vor, jeder solle versuchen, die Gegenwart der anderen zu vergessen.

Geständnisse (29–36)

Inès hält den Vorschlag für kindisch, weil man die Gegenwart eines anderen, auch wenn er schweigt, spüren könne.

Sie will ihre Hölle selbst wählen, der Wahrheit ins Gesicht sehen. Auch Garcin verlangt nun, dass jeder gestehen solle, warum er verurteilt wurde.

Als Estelle sich weigert, erzählt er seine Geschichte zuerst: Er ist in der Hölle, weil er seine Frau gequält hat. Sie ertrug schweigend jede Erniedrigung, weil er für sie der bewunderte Held war. Mit einem Beispiel veranschaulicht Garcin seine sadistische Grausamkeit: Er quartierte seine Geliebte in seinem Haus ein. Seine Frau musste alles mitanhören und morgens den beiden auch noch das Frühstück ans Bett bringen. Garcin weiß, dass er nun bezahlen muss, aber er bereut nichts.

Auch Inès hat keinerlei Gewissensbisse. Sie ist böse, sie

Auseinandersetzung: **la dispute**
Erniedrigung: **l'humiliation** (f.)
etw. veranschaulichen: **illustrer qc**
sadistisch: **sadique**
Grausamkeit: **la cruauté**
jdn. einquartieren: **installer qn**
Gewissensbisse: **les remords** (m.)

braucht, wie sie sagt, das Leid der anderen, um zu existieren. Sie erzählt, wie sie eine glückliche Paarbeziehung zerstört hat, indem sie Florence, die Frau ihres Vetters, verführte. Um ihn aus dem Weg zu schaffen, stieß sie ihn unter eine Straßenbahn. Dann lebte sie mit Florence zusammen, bis diese eines Nachts aufstand und den Gashahn aufdrehte.

Da Estelle immer noch nicht bereit ist, die Wahrheit zu sagen, zwingen Garcin und Inès sie in einem erbarmungslosen Verhör zu einem Geständnis.

Estelle hatte von ihrem Geliebten ein Kind bekommen, das sie vor seinen Augen in einem See ertränkte, worauf er sich eine Kugel in den Kopf schoss.

Nun wissen alle drei, dass sie Mörder sind, dass sie verantwortlich sind für die Leiden und den Tod derer, von denen sie geliebt wurden.

Misslingende Paarbildungen (36–47)

Garcin bietet Inès einen Pakt des guten Willens an: Um sich zu retten, sollten sie sich durch gegenseitiges Mitleid helfen. Denn der Zwang, sich zu arrangieren, wird noch stärker, als der Kontakt mit dem Leben auf der Erde endgültig verloren geht. Inès sieht zum letzten Mal ihr Zimmer; es ist jetzt an ein junges Paar vermietet, das zu Inès' Entsetzen auf ihrem Bett Zärtlichkeiten austauscht. Den-

jdn. aus dem Weg schaffen: **faire disparaître qn**
jdn. zu etw. zwingen: **pousser qn à faire qc**
erbarmungslos: **sans merci** (f.)
Geständnis: **l'aveu** (m.)
vor seinen Augen: **sous ses yeux**
jdn. ertränken: **noyer qn**
Entsetzen: **l'horreur** (f.)
Zärtlichkeiten: **les caresses** (f.)

noch weist sie Garcins Angebot zurück. Sie weiß zwar, dass Garcins Analyse der Situation richtig ist, – jeder ist dem anderen eine Falle – weigert sich aber nachzugeben. Immerhin will sie Garcin nicht schaden, wenn dieser sie und Estelle in Ruhe lässt.

Auch Estelle blickt zum letzten Mal auf die Erde: Einer ihrer Verehrer tanzt mit ihrer Freundin Olga, die ihm Estelles schreckliche Geschichte erzählt hat. Nun hat auch sie jeden Kontakt mit dem Leben verloren und wendet sich Hilfe suchend an Garcin, der sie jedoch zurückstößt. Inès umwirbt Estelle von Neuem, bis diese ihr angeekelt ins Gesicht spuckt.

Nun ist die Reihe an Garcin. Auf gewollt vulgäre Art bietet er sich Estelle als Sexualpartner an. Vor den Augen der schockierten Inès beginnen die beiden, zärtlich zu werden, bis ihre Liebeskomödie durch Garcins letzten Blick auf die Erde unterbrochen wird: Gomez spricht über ihn und verurteilt ihn als feigen Schuft. Garcin weiß, dass dieses Urteil endgültig ist, dass er nichts mehr daran ändern kann. So setzt er seine letzte Hoffnung in Estelle. Er bittet um ihr Vertrauen, sie soll ihm sagen, dass er richtig gehandelt hat, dass er kein Feigling ist. Tatsächlich ist er sich selbst seiner Motive nicht sicher. Er muss zugeben, dass er nicht den Kriegsdienst verweigert hat, sondern dass er sich nach Mexiko absetzen

etw. zurückweisen: **refuser qc**
Verehrer: **le soupirant**
jdn. zurückstoßen: **rejeter qn**
jdn. umwerben: **faire les yeux doux à qn**
endgültig: **définitif(-ve)**
Kriegsdienst: **le service militaire**
sich absetzen: **partir se réfugier**

wollte. Er muss auch zugeben, dass er bei der Hinrichtung seine Angst nicht unter Kontrolle bringen konnte und auf feige Weise gestorben ist. Estelle versteht zwar nicht, was Garcin von ihr will, ist aber zu jeder Lüge bereit und versichert ihm, dass er kein Feigling sei. Inès zerstört durch höhnische Kommentare das kurze Einverständnis der beiden. Sie macht deutlich, dass Estelle alles sagen würde, um einen Mann zu bekommen.

Kämpfe (47–53)

Angewidert von den beiden Frauen möchte Garcin den Raum verlassen. Er will lieber die schrecklichsten physischen Qualen erdulden als dieses moralische Leiden, das gar nicht richtig weh tut. Als die Tür sich öffnet, erweist sich aber, dass die drei sich nicht trennen können. Garcin geht nicht. Estelle versucht, Inès hinauszustoßen, um mit dem Mann allein zu sein. Garcin wiederum lässt dies nicht zu, weil er Inès braucht. In seiner Vorstellung kann nur sie allein ihn retten, indem sie ihm glaubt: Sie müsste er davon überzeugen, dass er kein Feigling ist, was ihm jedoch nicht gelingt. Inès erinnert ihn daran, dass das Leben des Menschen durch sein Handeln definiert wird. Nun, da er tot ist, kann er nichts mehr ändern. Er wird für immer ein Feigling bleiben, weil sie es so will. Estelle versucht ihrerseits, Inès zu quälen, indem sie sich Garcin an den Hals wirft, der sie aber nicht lieben kann vor den Augen von Inès, die ihn immer wieder als Feigling verhöhnt. Voller Wut greift Estelle zum Papiermes-

jdm. versichern, dass: **assurer à qn que**
höhnisch: **plein de sarcasme**
Einverständnis: **l'entente** (f.)
sich erweisen: **devenir évident; s'avérer**
voller Wut: **comme une furie**

ser und macht den absurden Versuch, die bereits tote Inès zu ermorden.

Am Ende brechen alle drei in ein verzweifeltes Gelächter aus, als sie erkennen, dass sie für immer zusammenbleiben und sich gegenseitig quälen müssen. Sie müssen weitermachen, einen Ausweg gibt es nicht.

Ausweglose Situation

in Gelächter ausbrechen: **éclater de rire**

3. Personen

Selbstbild

Garcin stellt sich in der dritten Szene als Journalist und Literat vor und zeichnet ein äußerst schmeichelhaftes Bild seiner selbst. Er sieht sich als engagierten Schriftsteller, der für seine pazifistischen Grundsätze gestorben ist, als Helden, der für seine Ideale alles geopfert hat: »La guerre éclate. Que faire? Ils avaient tous les yeux fixés sur moi. ›Osera-t-il?‹ Eh bien, j'ai osé. Je me suis croisé les bras et ils m'ont fusillé« (22,15–17). Um selber daran glauben zu können, will er auch die anderen von dieser Version seiner Lebensgeschichte überzeugen.

Feigheit

Tatsächlich ist er ein Feigling, der Tapferkeit heuchelt, der jedoch von seiner Angst derart beherrscht wird, dass er nicht in der Lage ist, sein Verhalten zu kontrollieren. Schon bei seinem Auftritt verrät er sich. Seine gespielte Selbstsicherheit (»[…] on ne me prend pas au dépourvu, ne venez pas vous vanter de m'avoir surpris; je regarde la situation en face«; 9,40–42) steht im Widerspruch zu seiner Nervosität, seinen unmotivierten Wutausbrüchen, seinen verzweifelten

schmeichelhaft: **flatteur(-euse)**
tatsächlich (adv.): **en réalité**
etw. heucheln: **feindre qc**
Verhalten: **le comportement**
Selbstsicherheit: **l'assurance** (f.)
im Widerspruch zu etw.: **en contradiction avec qc**
unmotiviert: **irraisonné(e)**
Wutausbruch: **l'accès** (m.) **de fureur** (m.)

Versuchen, den Kellner am Gehen zu hindern, seiner Panikattacke in der zweiten Szene, nur wenige Augenblicke, nachdem der Kellner den Raum verlassen hat. Auch Inès gegenüber kann er seine Angst nicht verbergen, denn er zuckt ständig unkontrolliert mit dem Mund.

In seinem Leben war Garcin keineswegs so heldenhaft, wie er vorgibt. Er hat sich nicht geweigert, in den Krieg zu ziehen, er ist einfach geflohen, um seine Haut zu retten (44,3). Auf Inès' Fragen muss er auch zugeben, dass er »schlecht« gestorben ist.

Unaufrichtigkeit

Statt seinen einmal erwählten Werten (51,35) treu zu bleiben und dafür zu sterben, hat er durch seine Flucht seine Überzeugung verraten. Er hat damit seine Freiheit aufgegeben und sich der Notwendigkeit unterworfen. Diese Wahrheit kann er nicht annehmen. Vor sich selbst und vor den anderen sucht er sie durch alle möglichen Erklärungen zu leugnen: »Je voulais témoigner, moi! Je ne voulais pas qu'ils étouffent ma voix« (44,6–7), »Je comptais ouvrir un journal pacifiste« (44,10). Das soll heißen, dass er nicht aus Angst geflohen ist, sondern um für den Pazifismus seine Stimme erheben zu können. Sein feiges Verhalten vor dem Exekutionskommando nennt er einen Schwächeanfall, für den er sich nicht zu schämen brauche.

heldenhaft: **héroïque**
etw. vorgeben: **prétendre qc**
Überzeugung: **la conviction**
etw. aufgeben: hier: **renoncer à qc**
sich einer Sache unterwerfen: **se soumettre à qc**
seine Stimme für etw. erheben: **s'engager en faveur de qc**

Flucht vor der Wirklichkeit

Garcins Selbstbetrug funktioniert nicht, weil Inès ihm ständig die Wahrheit vor Augen hält (22,23–24; 23,1). Darauf reagiert Garcin mit verbaler und physischer Aggressivität. Er hebt die Hand, um sie zu schlagen, und befiehlt ihr zu schweigen; das heißt, er versucht Hindernisse zu beseitigen, nicht, sie zu überwinden, als ob es genügen würde, zu schreien und zu schlagen, damit eine Wahrheit aufhört, eine Wahrheit zu sein.

Sadismus

Als Ausgleich für seinen Mangel an Mut und das daraus resultierende Minderwertigkeitsgefühl hat Garcin während seines Lebens seine Frau psychisch misshandelt. Da er nicht in der Lage war, seine eigene Freiheit wahrzunehmen, bemächtigte er sich der Freiheit seiner Frau. Er machte sie zur Sklavin, erniedrigte sie, indem er sie zwang, seine Geliebte im eigenen Hause zu empfangen. Auch in der Hölle verhält er sich nicht anders, als er Estelle mit seinen erbarmungslosen Fragen quält.

Lügen, Selbstbetrug und Sadismus sind die Mittel, mit de-

jdm. etw. vor Augen halten: **mettre qc sous le nez de qn**
Hindernis: **l'obstacle** (m.)
etw. beseitigen: **éliminer qc**
etw. überwinden: **surmonter qc**
Ausgleich: **la compensation**
Minderwertigkeitsgefühl: **le sentiment d'infériorité**
jdn. misshandeln: **maltraiter qn**
etw. wahrnehmen: **assumer qc**
sich einer Sache bemächtigen: **s'emparer de qc**
jdn. erniedrigen: **humilier qn**
jdn. empfangen: **accueillir qn**

nen Garcin seine Existenz zu rechtfertigen und seinen freien Willen zu demonstrieren versucht.

Estelle stellt sich zu Anfang, wie Inès höhnisch anmerkt, als »kleine Heilige« dar, die sich für ihren jüngeren kranken Bruder geopfert habe. Sie sei ein armes Waisenkind gewesen und habe, um dessen Pflege sicherzustellen, einen reichen Freund ihres Vaters geheiratet, dem sie sechs Jahre lang treu ergeben gewesen sei. Allerdings ermöglichte diese Heirat ihr auch den Aufstieg in die Bourgeoisie und ein sorgloses luxuriöses Leben.

Selbstbild

Auch ihre Persönlichkeit enthüllt sich beim Eintritt in die Hölle. Die Werte und die Vorurteile ihrer sozialen Klasse verkörpert sie in extremer Weise. Wichtig sind für sie nur Äußerlichkeiten: Geschmack, Stil, Umgangsformen. So weigert sie sich, auf ihrem Sofa Platz zu nehmen, weil dessen Farbe nicht zu ihrem Kleid passt, und beansprucht ganz selbstver-

Oberflächlichkeit

sich für jdn./etw. opfern: **se sacrifier pour qn/qc**
Pflege: **les soins** (m.)
etw. sicherstellen: **assurer qc**
jdm. treu ergeben: **dévoué(e) à qn**
Aufstieg: **l'ascension** (f.)
luxuriös: **luxueux(-se)**
sich enthüllen: **se révéler**
Vorurteil: **le préjugé**
etw. verkörpern: **incarner qc**
Äußerlichkeiten: **le côté superficiel**
Umgangsformen: **les manières** (f.), **la conduite**
zu etw. passen: **aller avec qc**

ständlich das von Garcin. Männer in Hemdsärmeln kann sie nicht ertragen. Um ihr hoffentlich tadelloses Make-up macht sie sich mehr Sorgen als um die Situation, in der sie sich befindet. Das Wort »tot« ersetzt sie durch den Euphemismus »abwesend«. »Tot« ist für sie offenbar ein vulgärer Ausdruck, den man unter kultivierten Menschen nicht verwenden sollte. Ihre herablassende Arroganz gegenüber dem Dienstpersonal (»[…] des subalternes, […] des employés sans instruction«, 21,60f.) und ihre Verachtung für die Postangestellte Inès sind weitere typische Verhaltensweisen. Estelle glaubt, in der Hölle weiterleben zu können, wie sie auf der Erde gelebt hat, ohne nachzudenken und ohne die Verantwortung für ihr Handeln zu übernehmen (21,39f.). In ihrem Schlafzimmer hatte sie sechs große Spiegel, in denen sie sich bewundern konnte. Wenn sie sich nicht sehen kann, zweifelt sie an ihrer Existenz (25,38). Ein inneres Leben, gedankliche Tiefe sind ihr fremd: »Tout ce qui se passe dans les têtes est si vague, ça m'endort« (25,42f.).

Unaufrichtigkeit

Estelle fühlt sich nicht verantwortlich oder gar schuldig für das, was geschehen ist. Die Notwendigkeit zwang sie zu der Heirat, die schicksalhafte Begegnung mit ihrer großen Liebe rechtfertigt den Ehebruch (22,7). Ihr Leben war also

tadellos: **impeccable**
Make-up: **le maquillage**
Euphemismus: **l'euphémisme** (m.)
herablassend: **condescendant(e)**
Verachtung: **le mépris**
an etw./jdm. zweifeln: **douter de qc/qn**
gedankliche Tiefe: **la profondeur intellectuelle**
Ehebruch: **l'adultère** (m.)

vorbestimmt. Dass sie die Freiheit hatte, nicht zu heiraten, und die Freiheit, sich scheiden zu lassen, will sie nicht wahrhaben. Weder für den Mord an ihrem Kind noch für den Selbstmord ihres Geliebten fühlt sie sich verantwortlich. Da sie sich nicht scheiden lassen wollte, musste das Kind verschwinden. Verwerflich ist nicht das Verbrechen, sondern der Skandal, der daraus hätte entstehen können.

Flucht vor der Wirklichkeit

Estelle will nicht zur Kenntnis nehmen, dass sie tot und in der Hölle ist. Sie tut so, als befände sie sich lediglich in einem geschmacklos möblierten Hotelzimmer. Sie meint, dass sie nur auf Grund eines Irrtums hier sei, und fordert die anderen auf, so zu tun, als ob sie ebenfalls an einen Irrtum glaubten (21,64 f.). Auch Garcins Erklärung, man habe sie zufällig im selben Zimmer untergebracht, nimmt sie bereitwillig an. Inès verhindert aber ihre Flucht ins Imaginäre, indem sie ihr und Garcin ständig ihre Situation vor Augen führt: »Ils ne laissent rien au hasard« (20,6), »Nous sommes en enfer, ma petite, il n'y a jamais d'erreur« (22,26 f.). Auch der letzten Fluchtmöglichkeit, der körperlichen Liebe mit einem Mann, steht Inès im Wege. Estelles Versuch, das Hindernis Inès aus dem Weg zu schaffen, indem sie sie tötet, wie sie ihr Kind getötet hat, ist absurd und lächerlich: eine Tote kann man nicht mehr umbringen. So bleibt ihr nur der

etw. vorbestimmen: **déterminer qc**
etw. nicht wahrhaben wollen: **ne pas vouloir admettre qc**
geschmacklos: **sans goût** (m.)
jdn. zu etw. auffordern: **inviter qn à faire qc**
so tun als ob: **faire semblant de faire qc**
bereitwillig (adv.): **volontiers**

Hass: Hass auf Inès, die ihr Lügengebäude zum Einsturz gebracht hat, Hass auf Garcin, der ihr nicht zur Hilfe kommt. Der Hass bleibt jedoch ohne Wirkung, denn er ändert nichts an ihrer Situation. So ist Estelle gezwungen, für immer mit dem Gedanken an ihre Verbrechen zu existieren. Die Wirklichkeit, vor der sie während ihres Lebens geflohen ist, hat sie in der Hölle wieder eingeholt.

Scheinbare Unverwundbarkeit

Inès unterscheidet sich in verschiedener Hinsicht von ihren Leidensgenossen. Sie stellt dem Zimmerkellner keinerlei Fragen, weil sie weiß, dass sie sich in der Hölle befindet. Ihre Verdammung erscheint ihr nur logisch: »Eh bien, j'étais ce qu'ils appellent, là-bas, une femme damnée. Déjà damnée, n'est-ce pas. Alors, il n'y a pas eu de grosses surprises« (32,1 f.). Man muss wissen, dass zu der Zeit, als Sartre das Stück schrieb, die weibliche Homosexualität ein Skandal war, der moralische und gesellschaftliche Ächtung zur Folge hatte. Da sie bereits zu Lebzeiten verurteilt wurde, wundert sie sich nicht, dass sie auch nach ihrem Tode verdammt ist. Sie nimmt ihre Vergangenheit an und scheint deshalb unverwundbar.
Inès weigert sich, sich selbst und die anderen durch Ent-

Hass: **la haine**
etw. zum Einsturz bringen: **faire s'effondrer qc**
jdn. einholen: **rattraper qn**
in verschiedener Hinsicht: **à plusieurs égards**
Leidensgenosse: **le compagnon d'infortune** (f.)
Ächtung: **la proscription**
unverwundbar: **invulnérable**

schuldigungen und Rechtfertigungen zu belügen, und zeichnet ein schonungsloses Bild ihrer selbst. Sie hat den Ehemann ihrer Cousine getötet und diese in den Selbstmord getrieben. Sie definiert sich als »méchante« (33,31) als Sadistin. (33,36).

Aufrichtigkeit

Ihre Vergangenheit ist ihr gleichgültig. Sie bereut nichts und hat keine Gewissensbisse. Sie ist überzeugt, dass sie nicht anders hätte sein können: »Elle est en ordre, ma vie. […] Elle s'est mise en ordre, là-bas, je n'ai pas besoin de m'en préoccuper« (19,33 f.). Florence, die sie geliebt und deren Ehe sie zerstört hat, ist nun für sie »une petite sotte et je ne la regrette pas« (13,16 f.).

Inès hindert Garcin und Estelle daran, sich irgendwelchen beruhigenden Illusionen hinzugeben. Sie weiß, dass sie nicht, wie Garcin vermutet, zufällig zusammen sind (20,27 f.). Und ihre Anwesenheit in der Hölle beruht keineswegs auf einem Irrtum, wie Estelle glauben möchte (22,26 f.). Inès ist es auch, die als erste den Mechanismus entdeckt, wie diese Hölle funktioniert: »Eh bien, ils ont réalisé une économie de personnel. […] le bourreau, c'est chacun de nous pour les autres« (23,47 f.).

Erkenntnis der Lage

Ihre Hellsichtigkeit, ihre Aufrichtigkeit, ihre Aggressivität und ihr Sadismus prädestinieren sie dazu, den höllischen Mechanis-

Handlungsmotor

Rechtfertigung: **la justification**
schonungslos: **impitoyable**
gleichgültig: **indifférent(e)**
Hellsichtigkeit: **la lucidité**
Aufrichtigkeit: **la sincérité**
jdn. zu etw. prädestinieren: **prédestiner qn à qc**

mus in Gang zu halten. Sie hindert Garcin und Estelle daran, zu vergessen, in welcher Situation sie sich befinden. Sie entlarvt deren Lebensläufe als Lügenmärchen und zwingt sie, mit der Wahrheit herauszurücken. Indem sie die beiden anderen zu Opfern macht, deren Leiden sie genießt, spielt sie die Rolle des Folterknechts in besonders ausgeprägter Weise und erscheint so als Komplizin der Hölle.

Verwundbarkeit

Dennoch ist auch Inès zum Leiden verurteilt, und zwar auf Grund ihrer Homosexualität. Ihre Hölle besteht darin, Estelle zu begehren, ohne sie jemals besitzen zu können. Ihre Annäherungsversuche und ihre Komplimente sind ebenso peinlich wie erfolglos. So nennt sie Estelle »mon eau vive, mon cristal« (41,44), worauf Estelle spottet: »Votre cristal? C'est bouffon« (41,45). Und als sie körperlichen Kontakt sucht, spuckt Estelle ihr ins Gesicht. Entsetzt und angeekelt schreit Inès, als Garcin und Estelle beginnen, Zärtlichkeiten auszutauschen: »Estelle! Garcin! Vous perdez le sens. Mais je suis là, moi! […] Devant moi! Vous ne … vous ne pouvez pas« (42,20–22).

Außerdem hat Inès die Normen der Gesellschaft soweit verinnerlicht, dass sie sich ihrer sexuellen Neigungen schämt. Die Scham darüber, so zu sein, wie sie ist, und die Schande,

etw. in Gang halten: **maintenir qc en marche** (f.)
etw. entlarven: **démasquer qc**
Lügenmärchen: **le tissu de mensonges** (m.)
mit etw. herausrücken: **accoucher de qc**
etw. genießen: **jouir de qc**
ausgeprägt: **prononcé(e)**
etw. verinnerlichen: **intérioriser qc**
Schande: **la honte**

von den Mitmenschen deshalb verachtet zu werden, quälen Inès ebenso wie Garcin seine Feigheit, die er sich jedoch nicht eingestehen will. In dieser Hinsicht ähneln sich die beiden: »Tu sais ce que c'est le mal, la honte, la peur« (50,6 f.), sagt Garcin. Sie muss er davon überzeugen, dass er kein Feigling ist, denn Estelles Versicherungen sind wertlos. Deshalb weigert er sich zu fliehen, als sich die Tür plötzlich öffnet. Gerade weil Inès kein sexuelles Interesse an ihm hat wie Estelle, gerade weil sie ihn hasst, könnte sie ihn retten, was sie aber nicht tut. Sie ist die letzte Instanz, und ihr Urteil ist erbarmungslos: »Tu es un lâche, Garcin, un lâche parce que je le veux« (51,47 f.).

So wie Garcin seiner Feigheit nicht entgehen kann, so kann sich auch Inès nicht von ihrem »Übel« befreien.

Der **Etagenkellner** hat eine sehr kleine Rolle: Er erscheint ausschließlich in den Eingangsszenen und verschwindet für immer, als die drei Hauptpersonen versammelt sind.
Er hat die dramaturgische Funktion, die Handlungspersonen und damit auch die Zuschauer über die Örtlichkeiten zu informieren: eine Art internationales Grand-Hotel, in dem auch Chinesen und Hindus absteigen. Sein Verhalten und seine Sprache sind die eines Hotelpagen (11,50; 17,30). Allerdings äußert er sich gegenüber seinen Kunden mit außergewöhnlicher Unverschämtheit, z. B. wenn er auf Garcins Frage nach seiner Zahnbürste höhnisch anmerkt: »Voilà la dignité humaine qui vous revient. C'est formidable« (8,20 f.), oder wenn er Garcin verspottet: »Que vous êtes romanesque« (9,50). Sein Verhalten ist ein weiterer Hinweis darauf, dass die versammelten Personen keine gewöhnlichen Hotelgäste sind.

außergewöhnlich: **insolite**
Unverschämtheit: **l'insolence** (f.)

Un trio infernal

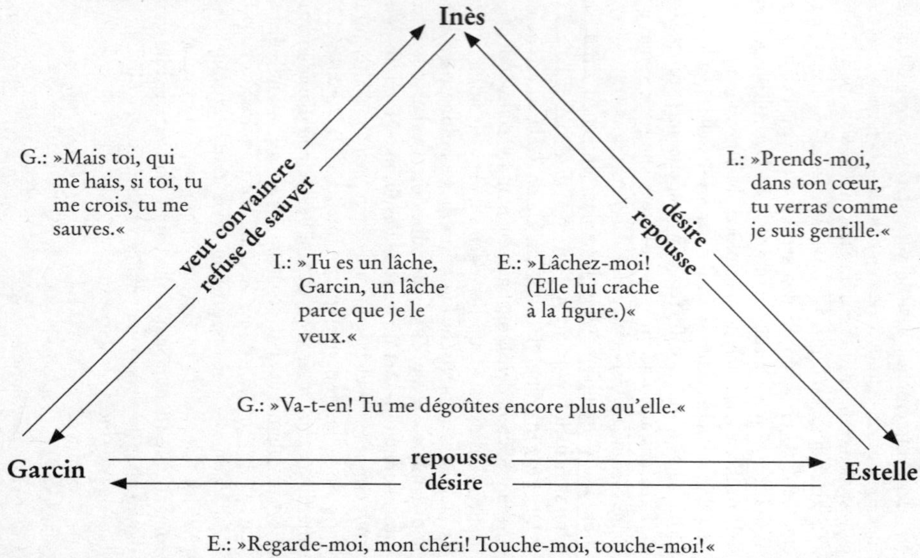

4. Struktur

Inhaltlicher Aufbau

Die Einteilung des Stücks in fünf Szenen ist rein formal, sie markieren lediglich das Auf- und Abtreten der Bühnenfiguren (Szene 1: Garcin, Kellner; Szene 2: Garcin; Szene 3: Garcin, Inès, Kellner usw.) und bilden keine gleichwertigen Einheiten. Die Szenen 1–4 umfassen kaum mehr als sechs Seiten, Szene 5 die restlichen 37 Seiten des Dramas.

Zwei Prinzipien bestimmen die inhaltliche Struktur des Stücks: Zum einen die allmähliche, aber systematische Aufdeckung der Wahrheit, die Entlarvung der Personen. Inès hat die Idee, dass jeder seine Geschichte erzählen soll, um herauszufinden, warum gerade sie drei zusammen in einem Zimmer untergebracht worden sind (21,52). Garcin und Estelle schildern ihr geradezu vorbildliches Verhalten während ihres Lebens und bestätigen sich gegenseitig ihre Unschuld (22,11–14). Das könnte funktionieren, wenn Inès nicht wäre, die ihnen ihre verlogenen Geschichten nicht glaubt.

Entlarvung der Personen

Den zweiten Anlauf macht Garcin (30,17 f.). Da Estelle sich zunächst weigert, beginnt Garcin und gesteht, seine Frau gequält zu haben; deshalb sei er in der Hölle. Aller-

gleichwertig: **équivalent(e)**
vorbildlich: **exemplaire**
etw. bestätigen: **confirmer qc**
zweiter Anlauf: **la deuxième tentative**

dings dient dieses Geständnis nur dazu, sein eigentliches Versagen zu verschleiern. Inès ist die einzige, die ihr Verbrechen unumwunden zugibt (32 f.). Estelle gesteht erst, als sie von Garcin und Inès einem erbarmungslosen Verhör unterzogen wird (33 ff.). Bei Garcin liegen die Dinge etwas komplizierter. Zwar mag er nicht, wenn man über seine Fahnenflucht redet: »Laissez ça. Ne parlez jamais de ça« (30,27). Sein Verhalten ist jedoch in verschiedener Weise interpretierbar. Die Motive seines Handelns könnten durchaus positiv sein. Er selbst ist davon aber nicht überzeugt: »Je voulais témoigner, je … j'avais longuement réfléchi … Est-ce que ce sont les vraies raisons?« (44,30 f.). Deshalb braucht er jemanden, der ihm diese Version bestätigt, und so kommt die Wahrheit ans Licht: Er ist feige geflohen und als Feigling gestorben. Damit sind die wahren Biographien der drei bekannt, andere Erkenntnisse wird es nicht mehr geben, nun sind sie wirklich »nus comme des vers« (36,1), »nus jusqu'aux os« (38,3).

Scheiternde Arrangements

Der zweite rote Faden besteht darin, dass die drei versuchen, sich vor dem Urteil der anderen zu schützen, sich in irgendeiner Weise zu arrangieren, um so die höllischen Mechanismen außer Kraft zu setzen.

Garcin schlägt vor, jeder solle sich in sich selbst zurückziehen, sich von den anderen durch Schweigen isolieren, um so seiner Rolle als Folterknecht zu entgehen (23,55–60). Die beiden Frauen sind nur für einen Augenblick einverstanden. Kurz darauf singt Inès ein Lied, das das Thema

unumwunden: **sans ambage** (m.)
roter Faden: **le fil conducteur**
etw. außer Kraft setzen: hier: **démonter**

Henkersknecht auf makabre Weise wieder aufnimmt: Der Henker beklagt sich, weil er sich durch die Anzahl der Personen, die er köpfen muss, überfordert fühlt. Estelle, die es nicht erträgt, dass sie sich nicht sehen kann, bricht das Schweigen, indem sie Garcin um einen Spiegel bittet. Garcin schweigt beharrlich und fordert die Frauen schließlich noch einmal auf, es ihm gleich zu tun und die Gegenwart der anderen zu vergessen. Doch Inès macht ihm klar, dass es unmöglich ist, sich durch Schweigen in Nichts aufzulösen (29,36–41).

Bündnisversuche

Im Folgenden versuchen die Personen in verschiedenen Konstellationen, sich jeweils zu zweit gegen den dritten zu verbünden. Alle diese Bündnisse scheitern, zum einen, weil sie auf Lügen und Unaufrichtigkeit gegründet sind, zum anderen, weil Sartre seine Figuren so konzipiert hat, dass ihre Bedürfnisse im Widerspruch zueinander stehen.

Der letzte Versuch der Hölle zu entrinnen, besteht darin, sich oder die anderen nicht nur geistig, sondern auch körperlich auszuschließen. Garcin will weggehen und ist bereit, die schlimmsten körperlichen Qualen zu erdulden, um die beiden Frauen nicht mehr ertragen zu müssen (49,26–29).

Unveränderbarkeit der Situation

Der Versuch scheitert. Garcin bleibt, als die Tür sich plötzlich öffnet. Er sieht ein, dass er durch seine Flucht dem Urteil von Inès nicht entgehen kann: »Je ne pouvais pas te laisser ici, triomphante, avec toutes ces pensées dans ta tête; toutes ces pensées qui me concernent« (50,13–16). Außerdem verkörpert er durch sein Zurückweichen vor der offenen Tür all

beharrlich (adv.): **avec ténacité** (f.)
im Folgenden: **par la suite**

das, was er nicht sein wollte. Er, der seine Feigheit in seinem vergangenen Leben nicht wahrhaben will, erweist sich ein weiteres Mal als ein Feigling, der nicht fähig ist, seinen großspurigen Worten entsprechende Taten folgen zu lassen.

Estelle greift zum Papiermesser, um ihre Rivalin zu erstechen. Wie in ihrem Leben möchte sie durch einen Mord ein Hindernis aus dem Weg schaffen. Für Inès eine weitere Gelegenheit, Estelle zu verhöhnen: »Morte! Morte! Morte! Ni le couteau, ni le poison, ni la corde. C'est *déjà fait*, comprends-tu? Et nous sommes ensemble pour toujours« (53,46 f.).

Damit sind sämtliche Möglichkeiten durchgespielt. Das Stück geht zu Ende, die Hölle aber bleibt bestehen.

Ort

Jedes Drama birgt grundsätzlich zwei Räumlichkeiten: Den Bühnenraum, den der Zuschauer sehen kann und in dem die Bühnenfiguren agieren und sprechen; außerdem die Welt außerhalb des Bühnenraums, die dem Zuschauer verborgen bleibt, von der er nur durch den Dialog der Protagonisten etwas erfährt.

großspurig: **grandiloquent(e)**
jdn. erstechen: **poignarder qn**
etw. durchspielen: **envisager qc**
bestehen bleiben: **perdurer**
Räumlichkeiten: **les lieux d'action**
Bühnenraum: **l'espace** (m.) **scénique**
außerhalb von etw.: **à l'extérieur de qc**

Der Bühnenraum

In *Huis clos* stellt der Bühnenraum, dem Titel entsprechend, ein geschlossenes Hotelzimmer dar, das nach Ankunft der Gäste niemand mehr betreten oder verlassen wird. Zudem ist jeder Kontakt mit der Außenwelt ausgeschlossen, da das Zimmer keine Fenster hat. Allmählich erfährt man, dass dieses Zimmer die Hölle ist, eine rätselhafte Hölle allerdings, die den gängigen Vorstellung nicht entspricht. Es gibt keine Folterwerkzeuge, keine zum Quälen der Übeltäter bestellten teuflischen Folterknechte. Nur die hier herrschende Hitze, die bei geöffneter Tür noch ansteigt, erinnert – eine parodistische Reminiszenz – an die Hölle in christlichen Glaubensvorstellungen. Das Zimmer ist sehr spärlich möbliert. Es gibt keine Spiegel, keine Betten, lediglich drei Sofas und eine Bronzestatue auf dem Kamin. Das Licht lässt sich nicht ausschalten, und die Personen können die Augen nicht schließen. Eine zeitweilige Flucht in den Schlaf ist also unmöglich. Das schon an sich unerträgliche Zusammenleben auf engstem Raum wird zum immer andauernden Zustand. Das ständig wache Be-

Außenwelt: **le monde extérieur**
rätselhaft: **mystérieux(-euse)**
gängig: **courant(e)**
jdn. bestellen: **convoquer qn**
teuflisch: **diabolique**
parodistisch: **parodique**
spärlich möbliert: **meublé(e) de façon rudimentaire**
zeitweilig: **temporaire**
Zusammenleben auf engstem Raum: **la promiscuité**
andauernd: **permanent(e)**
Zustand: **l'état** (m.)

wusstsein muss sich unaufhörlich mit der unangenehmen Wahrheit seines vergangenen Lebens auseinandersetzen. Alle drei sind auf immer und ewig Gefangene ihres eigenen Denkens, auf immer und ewig dem erbarmungslosen Blick der anderen ausgesetzt. »La vie sans coupure« (10,3 f.), das ist Sartres Hölle.

Außenwelt

Der Salon ist jedoch nur ein Teil der unendlichen Hölle, die weder der Zuschauer, noch die Personen der Handlung sehen können. Der Kellner berichtet, dass es außerhalb dieses Zimmers einen Gang gibt, an dessen Ende sich wiederum andere Gänge, andere Zimmer und Treppen befänden, ein furchterregendes Labyrinth. Hier herrschen anonyme, unsichtbare Wesen. Der Kellner spricht von einer Direktion, die das Licht abschalten könnte, es aber noch nie getan habe. Da die Verdammten aus allen Ländern der Welt kommen, sind die Zimmer entsprechend ihrer Herkunft und Nationalität verschieden möbliert. Niemand, auch nicht der Kellner, kann diesen Ort verlassen. Er besucht an seinem freien Tag seinen Onkel, den Oberkellner im dritten Stock. Der Versuch, das Hotelzimmer zu verlassen, wäre völlig sinnlos, denn diese Hölle ist universell und endlos, ein Draußen gibt es nicht.

Die Erde

Der dritte Raum ist die Erde. Obwohl die Hölle in einem nicht definierten Anderswo liegt, besteht doch – rätselhafterweise – eine Verbindung zur Erde, die es den Personen erlaubt, zumindest eine gewisse Zeit lang zu sehen und zu hören, was dort geschieht. Garcin sieht, wie seine Frau sich von der Kaserne

entsprechend: **selon**
Anderswo: **l'ailleurs** (m.)

Structure du temps

Passé (chrono-logique)					Histoires de Garcin et d'Estelle 22,1–18	Aveu de Garcin 30,27–31,42	Aveu d'Inès 32,1–33,40	Aveu forcé d'Estelle 34,25–35,40			Aveu de Garcin 44,1–45,46
Présent terrestre (visions, accélération fantastique du temps)		Estelle: enterre-ment 17,39–51	Garcin: sa femme 18,15–21	Garcin: rédaction; Estelle: Olga; Inès: sa chambre 19,42–50		Garcin: sa femme 30,29–31,40			Inès: sa chambre 36,11–21	Estelle: Olga et son ancien soupirant 38,24–40,23	Garcin: rédaction 43,44–51; 45,52–62
Présent scénique (aucun repère temporel)	S. 7 →										S. 53

entfernt, in der er erschossen wurde. Er sieht seine ehemaligen Kollegen im Redaktionsbüro und hört sie über ihn reden. Estelle wohnt ihrer eigenen Beerdigung bei und beobachtet, wie Olga, ihre beste Freundin, mit ihrem einstigen Verehrer tanzt. Inès sieht ihr Zimmer, das sie mit Florence bewohnt hat und in das jetzt ein Liebespaar eingezogen ist. Dieser letzte Blick auf die Erde führt ihnen vor Augen, dass ihr Leben endgültig vorbei ist (46,17–19).

Zeit

Wie kann man in einem Drama, das kaum neunzig Minuten dauert, die Ewigkeit darstellen? Sartre gelingt dies, indem er unsere Vorstellungen von einem zeitlichen Ablauf zerstört, uns und den Bühnenfiguren jeden Anhaltspunkt nimmt, an dem man sich zeitlich orientieren könnte.
Drei Zeitebenen, die ineinander verwoben sind, kann man feststellen: die Bühnengegenwart, also die Zeit, in der das Geschehen auf der Bühne abläuft, parallel dazu die »irdische« Gegenwart, d. h. die Zeit der Ereignisse auf der Er-

ehemaliger Kollege: **l'ancien collègue**
einer Sache beiwohnen: **assister à qc**
Beerdigung: **l'enterrement** (m.)
einstiger Verehrer: **le soupirant d'autrefois**
endgültig: **une fois pour toutes**
Ablauf: **le déroulement**
Anhaltspunkt: **le point de repère**
Zeitebene: **l'unité de temps**
ineinander verwoben: **étroitement lié(e)**
Bühnengegenwart: **le présent scénique**

de, von denen der Zuschauer durch die Erzählungen der Personen erfährt, und schließlich die Zeitebene der Bühnenvergangenheit, wenn die Protagonisten von dem Leben, das sie auf der Erde geführt haben, berichten.

Bühnenvergangenheit

Auf dieser Ebene der Bühnenvergangenheit ist die Chronologie noch intakt, der zeitliche Ablauf ist nachvollziehbar: Inès hat Florence, die Frau ihres Vetters, verführt, und dann hat Florence ihn verlassen, dann hat er sich vor die Straßenbahn geworfen, zuletzt hat Florence sich selbst und Inès umgebracht usw. Chronologisch geordnete Abläufe bestimmen auch die Lebensgeschichten von Garcin und Estelle.

Irdische Gegenwart

Auf der Ebene der irdischen Gegenwart gerät die Zeit aus den Fugen. Sie scheint dort mit ungeheurer Geschwindigkeit zu vergehen. Garcin sieht seine trauernde Witwe in einer Straße von Rio, wo herrlich die Sonne scheint (18,20). Wenig später stellt er fest, dass es in Rio schneit. Auf der Bühne und im Zuschauerraum sind zwischen diesen beiden Aussagen kaum dreißig Minuten vergangen. Diese Beschleunigung erreicht ihren Höhepunkt, als Garcin über seine Frau sagt: »Elle est morte tout à l'heure, il y a deux mois environ« (45,61 f.). Danach verlieren die Personen den Kontakt zur Erde und damit jeden Bezug zur menschlichen Zeit.

Bühnengegenwart

In der Bühnengegenwart geht jede zeitliche Orientierung verloren. Es gibt keinen Wechsel von Tag und Nacht, keine sich in regelmäßigen Abständen wiederholenden Verrichtun-

nachvollziehbar: **logique**
aus den Fugen geraten: **se disloquer**
regelmäßiger Abstand: **l'intervalle** (m.) **régulier**

gen, wie z. B. Essen, Schlafen oder Zähneputzen, anhand derer man die Zeit in Abschnitte aufteilen könnte. Die drei befinden sich in einer immer währenden Gegenwart ohne Vergangenheit, denn die ist endgültig abgeschlossen, und ohne Zukunft, denn es wird nichts geschehen, was sie erwarten oder erhoffen könnten. Sie sind dazu verurteilt, sich ständig im Kreis zu drehen, ohne Ende zu wiederholen, was sie seit ihrem Eintritt in die Hölle tun: sich gegenseitig quälen, indem sie sich in wechselnden Bündniskonstellationen ihre Schuld und ihr verfehltes Lebens ins Gedächtnis rufen. Garcin definiert diese Situation mit einem treffenden Vergleich: »Nous nous courrons après comme des chevaux de bois, sans jamais nous rejoindre« (37,49 f.).

Dramaturgie

Dramatiker pflegen in der Regel die Art des Theaterstücks zu benennen, das sie geschrieben haben: Tragödie oder Trauerspiel, Komödie oder Lustspiel, Tragikomödie usw. Sartre nennt *Huis clos* lediglich »pièce en un acte«, d. h. er weigert sich, sein Stück den üblichen Gattungen zuzuordnen. Tatsächlich ist es kaum möglich, das Stück gemäß den klassischen Kategorien einzuordnen. Man könnte sagen, *Huis clos* ist tragisch, ohne eine Tragödie zu sein.

Tragik

Tragisch ist Sartres Menschenbild. Er definiert die Existenz des Menschen vom Tod her. Schon bei seiner Geburt ist dieser völlig

Gattung: **le genre**
etw. einer Sache zuordnen: **classer qc parmi qc**
etw. einordnen: **classifier qc**

grundlos zum Tode verurteilt. Sartre stellt Personen auf die Bühne, die bereits tot sind, um die Tragik der menschlichen Existenz umso anschaulicher darstellen zu können. Schmerzlich werden sie sich bewusst, dass mit dem Tod alles zu Ende ist. Im Unterschied zu den Protagonisten, hat der Mensch, solange er lebt, die Freiheit, die Art seiner Existenz zu wählen. Aber diese Freiheit ist tragisch, weil die Wahl völlig willkürlich und durch nichts gerechtfertigt ist. Es gibt keinen objektiven Grund – ein Wertesystem oder eine göttliche Autorität, der man gehorcht, – sich so und nicht anders zu entscheiden. Die Wahl bleibt subjektiv und hat einen Wert nur für den, der sie trifft.

Bühnenraum

Tragisch ist auch die unerträgliche Situation des Wartens. Garcin, Inès und Estelle tun nichts anderes als Warten. Auf Inès' Frage: »Qu'est-ce qui va venir?« antwortet Garcin: »Je ne sais pas. J'attends« (15,46 f.). Während aber das Warten im Leben zumindest die Möglichkeit eines glücklichen Endes voraussetzt, ist das Warten auf der Bühne sinnlos, da es kein Ende, kein Ziel gibt. Dem Zuschauer soll damit die Absurdität der eigenen Existenz bewusst werden. Ein glückliches Ende gibt es nicht. Der Mensch wartet sein Leben lang auf den unausweichlichen und durch nichts gerechtfertigten Tod. Ihm bleibt nur, die Sinnlosigkeit seiner Existenz zu akzeptieren.

Dennoch wird man nicht von einer Tragödie sprechen können, denn es fehlen die wesentlichen Elemente, die ein tragisches Werk bestimmen.

Antitragödie

willkürlich: **arbitraire**

Huis clos hat keine Handlung im eigentlichen Sinn. Es geschieht nichts. Während die Tragödie im Allgemeinen mit dem Scheitern des oder der Helden endet, sind Sartres Bühnenfiguren bereits zu Beginn des Stückes tot und gescheitert. Sie haben weder eine Vergangenheit, noch eine Zukunft, sie befinden sich in einer immer währenden Gegenwart. Während der tragische Held – wenn auch vergeblich – handelt und kämpft, um die Katastrophe abzuwenden und ein glückliches Ende herbeizuführen, gibt es hier von Anfang an nichts, was ihr Schicksal verändern könnte.

So haben auch die traditionellen Aufbauprinzipien der Tragödie in diesem Stück keine Geltung. Es gibt keine Peripetie, wo die Handlung in ihr Gegenteil umschlägt und unaufhaltsam zur Katastrophe führt. Der Moment, als sich plötzlich die Tür öffnet, nachdem Garcin dagegen gehämmert hat, stellt gewiss einen dramatischen Höhepunkt dar, es ändert sich dadurch allerdings nichts. Außerdem gibt es keine Auflösung. Während Antigone am Ende stirbt, weil sie sich gegen die Staatsräson aufgelehnt hat – bei Sophokles im Namen göttlicher Gesetze, bei Anouilh im Namen kompromissloser Menschlichkeit – und durch ihren Tod zur moralischen Siegerin wird, hat

Handlung: **l'action** (f.)
wenn auch: **quoique**
vergeblich (adv.): **en vain; vainement**
ins Gegenteil umschlagen: **se renverser**
unaufhaltsam (adv.): **inexorablement**
Höhepunkt: **le point culminant**
Auflösung: **le dénouement**
Staatsräson: **la raison d'État**

Huis clos kein richtiges Ende. Wenn der Vorhang fällt, ist das Schauspiel aus, die Lage der Personen bleibt dieselbe, denn die Ewigkeit hat kein Ende. Als sie sich dessen bewusst werden, brechen alle in ein verzweifeltes Gelächter aus, bevor Garcin einen Schlusspunkt setzt, der keiner ist: »Eh bien, continuons« (53,54).

Schließlich unterscheiden sich die Personen dadurch von tragischen Helden, dass sie keinen Charakter haben, der ihr Handeln bestimmt, und sich deshalb auch nicht entwickeln. Zwar versieht Sartre sie mit gewissen persönlichen Merkmalen, Namen, sozialer Herkunft, beruflicher und emotionaler Vergangenheit, die jedoch nur im Anfangsstadium ihr Verhalten beeinflussen. Sie werden nicht durch gute oder schlechte Eigenschaften oder durch ihre Leidenschaften bestimmt, sondern durch die Situation, in der sie sich befinden. Sie macht Garcin zum Feigling, weil sie ihm die Möglichkeit nimmt, zu beweisen, dass er mutig hätte sein können. Sie zwingt Inès, ihre lesbische Neigung als Qual zu erleben, weil sie Estelle niemals besitzen wird.

Situationstheater hat Sartre diese Theaterform genannt, die in engem Zusammenhang mit seinem philosophischen Denken steht (siehe Kap. 5). Der Mensch macht sich selbst. Er entscheidet frei, was er sein will, und ist allein verantwortlich dafür, was aus ihm wird. Da jeder an einem bestimmten Ort, in einer bestimmten Zeit, in einem gesellschaftlichen Milieu geboren wird, befindet er sich von selbst in einer konkreten Situati-

Situationstheater

etw. mit etw. versehen: **doter qc de qc**
Situationstheater: **le théâtre de situation**
in engem Zusammenhang mit etw. stehen: **être étroitement lié(e) à qc**

on. Das Handeln, das seine Existenz rechtfertigt, findet im Rahmen dieser Situation statt, die er akzeptieren muss und über die er durch sein Handeln hinauskommen kann. Aufgabe des Dramatikers ist es also, nicht Charaktere oder historische Persönlichkeiten auf die Bühne zu stellen, sondern Situationen zu erfinden, in denen der Mensch sich durch sein Handeln beweisen muss und die so allgemein gültig sind, dass der Zuschauer sie nachvollziehen kann. Der Tod ist in der Tat eine Situation, mit der alle Menschen konfrontiert werden.

über etw. hinauskommen: **dépasser qc**
Aufgabe: **le rôle**

5. Interpretation

Philosophische Grundlagen

Freiheit und Verantwortung

Sartres atheistischer Existentialismus ist eine Philosophie der Freiheit. Damit ist nicht etwa wirtschaftliche oder politische Freiheit gemeint, sondern eine Freiheit der Wahl, was der Mensch sein will. Eine Abhängigkeit des Willens von äußeren oder inneren Faktoren – Gott, Schicksal, Gesellschaft, Psyche – gibt es nicht, ebenso wenig eine allgemeingültige Ethik im Sinne Kants. Der Mensch schafft seine eigenen Werte und seine eigene Moral. So wird Sartres absurd anmutende Feststellung, dass die Franzosen nie so frei waren wie unter der deutschen Okkupation, verständlich: Sie hatten eine klare Alternative, sie konnten und mussten wählen, ob sie die Besatzer unterstützen oder bekämpfen wollten.

Da es keine äußeren Zwänge und keine vorgegebenen Werte gibt, nach denen sich der Mensch richten kann, ist er voll verantwortlich für sich selbst, aber zugleich auch für die ganze Menschheit, indem er durch seine Entscheidungen Werte schafft und ein Modell des Menschen ent-

atheistisch: **athée**
Schicksal: **le destin**
Psyche: **la psyché; le psychisme**
allgemeingültig: **universel(le)**
Besatzer/Besatzerin: **l'occupant(e)**
Zwang: **la contrainte**

wirft, wie er sein soll. Es gibt keine Ausflüchte oder Entschuldigungen, der Mensch muss sich entscheiden, er ist dazu »verurteilt, frei zu sein«, wie Sartre formuliert. Freiheit und Verantwortung bedeutet nämlich auch Verlassenheit und Angst, da man nicht weiß, ob man die richtige Entscheidung, die richtige Wahl getroffen hat.

»Existenz vor Essenz«

Knapp und bündig beschreibt Sartre die Lage des Menschen mit dem Satz: »L'existence précède l'essence«.[6] Er erklärt diese These, indem er den Menschen mit einem hergestellten Gegenstand, etwa einem Papiermesser, vergleicht. Der Handwerker hat ein bestimmtes Konzept von dem Gegenstand, bevor er ihn herstellt: wie er aussieht, aus welchem Material und auf welche Weise er hergestellt und wozu er dienen soll. Die Essenz geht hier also der Existenz voraus. Beim Menschen ist es genau umgekehrt: Da es einen Schöpfergott nicht gibt, gibt es auch kein Konzept, nach dem der Mensch »hergestellt« worden ist, d.h., die Existenz geht der Essenz voraus. Der Mensch erscheint in der Welt und ist zunächst nichts. Erst danach definiert er sich selbst, und zwar ausschließlich durch sein Handeln. In seinem Essay *L'existentialisme est un humanisme* schreibt Sartre: »L'homme n'est rien d'autre que son projet. Il est l'ensemble de ses actes«. Und Inès formuliert in *Huis clos* gegenüber Garcin ganz ähnlich: »Seuls les actes décident de ce qu'on a voulu […] Tu n'es rien d'autre que ta vie« (51,36–42).

Ausflucht: **le prétexte**
Angst: **l'angoisse** (f.)
(es ist) genau umgekehrt: **(c'est) le contraire**
Schöpfergott: **le Créateur**

Voraussetzung der Freiheit des Menschen ist, dass er – im Gegensatz zu den Gegenständen – ein Bewusstsein besitzt. Der Gegenstand denkt nicht die äußere Welt, denkt sich selbst nicht. Er ist in sich eingeschlossen, er ist »en soi«, sagt Sartre. Der Mensch denkt, und durch sein Denken beurteilt er die Welt und sich selbst. Diese Fähigkeit macht den Menschen zum Menschen. Sartre sagt: Er ist »pour soi«.

»An sich« und »für sich«

Wenn der Mensch allein wäre, wäre er vollkommen frei, weil er allein die Welt beurteilen könnte, die ja nur für ihn da wäre. Er könnte handeln nach eigenem Gutdünken, niemand würde ihm widersprechen, niemandem wäre er Rechenschaft schuldig, er wäre ein absolutes »pour soi«.

Da es andere Menschen gibt, kann ich nicht nur mein eigenes, sondern muss auch das Denken des anderen berücksichtigen. Seine Sicht der Welt ist eine andere als meine. Deshalb entsteht zwischen seinem Denken und dem meinen notwendigerweise ein Konflikt. Die Freiheit des anderen gefährdet meine Freiheit. Mehr noch: Indem der andere mich beurteilt, macht er mich zum Objekt seines Denkens. Ich bin von ihm, seinem Urteil abhängig. Allerdings gilt das auch für ihn. Während der andere mich beurteilt, macht er mich zu seinem Objekt; gleichzeitig beurteile ich ihn, mache aus ihm mein Objekt. Damit sind wir beide gleichzeitig denkendes Subjekt und gedachtes Objekt.

Die anderen

Bewusstsein: **la conscience**
nach eigenem Gutdünken: **à sa guise**
jdm. Rechenschaft schuldig sein: **avoir des comptes (m.) à rendre à qn**
etw. berücksichtigen: **tenir compte de qc**

Um mich selbst zu kennen, muss ich von nun an das Urteil des anderen berücksichtigen, wie er das meinige berücksichtigen muss, das heißt, ich bin von ihm abhängig, während er wiederum von mir abhängig ist. Und diesem Teufelskreis kann niemand entrinnen.

Angst und Unaufrichtigkeit

Freiheit und die daraus resultierende Verantwortlichkeit erzeugen eine Angst, der sich der Mensch verständlicherweise entziehen möchte. Vor allem dann, wenn sein Leben gescheitert ist, empfindet er die eigene Verantwortlichkeit als unerträglich. Um sich ein gutes Gewissen zu verschaffen, leugnet er seine Freiheit, indem er sein Handeln durch äußere, ihn determinierende Faktoren zu erklären sucht, z.B. durch eine unglückliche Kindheit, durch die politischen Verhältnisse, materielle Armut usw. Diese Haltung nennt Sartre »mauvaise foi«, ein Begriff, der im Deutschen durch »Unaufrichtigkeit« nur unvollkommen wiedergegeben werden kann. Im Gegensatz zum Lügner, der die Wahrheit kennt, sie aber wissentlich gegenüber anderen verfälscht, verschleiert der Unaufrichtige die Wahrheit vor sich selbst. Der Betrüger und der Betrogene sind ein und dieselbe Person. In *Huis clos* erweist es sich, dass diese Haltung scheitern muss, weil der Blick des anderen gnadenlos die Unaufrichtigkeit als solche entlarvt.

Teufelskreis: **le cercle vicieux**
unerträglich: **insupportable**
etw. leugnen: **nier qc**
etw. verfälschen: **fausser qc**
etw. verschleiern: **dissimuler qc**
Betrüger: **celui qui trompe**

Sartres Hölle

Drei Faktoren sind es, die die Situation für die Protagonisten zur Hölle werden lassen: das Eingesperrtsein, das Trio und der lebendige Tod.

Eingesperrt

Wer eingekerkert ist, verliert seine Freiheit, und zwar nicht nur in dem konkreten Sinn, dass er sich nicht mehr frei bewegen kann, sondern ihm fehlt auch die moralische Freiheit, weil er nicht mehr wählen und seiner Wahl entsprechend handeln kann. Er hat sein »pour soi«, sein Subjektsein verloren und befindet sich im Zustand eines Objekts, das von denen, die ihn eingekerkert haben, abhängig ist. Er wird versuchen, dieser unerträglichen Situation zu entgehen, indem er sich in die Vergangenheit oder die Zukunft versetzt. Dies kann den Toten in *Huis clos* nicht gelingen. Die Vergangenheit können sie nicht verändern, das Urteil der Lebenden steht fest, und eine Zukunft, in der sie ihre Freiheit verwirklichen könnten, haben sie nicht.

Garcin glaubt, er könne etwas ändern, indem er in sich geht und sein Leben in Ordnung bringt. Inès fordert er auf, es ihm gleich zu tun, worauf sie ihm klar macht, dass dieses Unterfangen völlig sinnlos ist (19,33 f.).

Alle drei werfen noch einen Blick auf die Erde und müssen erkennen, dass sie völlig machtlos sind. Inès muss

jdn. einkerkern: **incarcérer qn**
sich in etw. versetzen: **se transporter dans qc**
Unterfangen: **l'entreprise** (f.)
machtlos: **impuissant(e)**

mitansehen, wie ein Liebespaar sich auf ihrem Bett niederlässt (36,13–18).

Estelle sieht ihre Freundin Olga mit Pierre, ihrem letzten Verehrer, in einem Tanzlokal. Vergeblich versucht sie, die Überlegene zu spielen, indem sie sich über das Aussehen und die Tanzkünste ihrer Freundin lustig macht. Sie kann Pierre nicht mehr berühren oder mit ihm sprechen, und sie kann nicht verhindern, dass Olga ihm alles über Estelles Untaten erzählt. (40,8–9).

Garcin sieht seine ehemaligen Kollegen in der Zeitungsredaktion sitzen. Sie haben ihr Urteil über ihn gefällt »Garcin est un lâche. Voilà ce qu'ils ont décidé, eux, mes copains. Dans six mois, ils diront: lâche comme Garcin« (45,54–56). Und er weiß und leidet darunter, dass er daran nichts ändern kann (46,17–19).

Trio

Nichts ist zufällig in dieser Hölle (Inès: »[…] ils ont tout réglé. Jusque dans les moindres détails, avec amour. […] Et nous sommes assortis«; 20,27–21,35), auch nicht die Tatsache, dass sie zu dritt sind. Sie haben ihre Verbrechen als Teil eines Trios begangen und werden dementsprechend bestraft. Inès ist in das Leben eines Paares eingedrungen und hat es zerstört. Garcin hat seine Frau mit seiner Geliebten gequält, Estelle betrog ihren Ehemann mit einem Liebhaber. Bis in

mitansehen, wie jd. etw. tut: **voir qn faire qc**
sich niederlassen: **s'installer**
überlegen: **le/la plus fort(e)**
Aussehen: **l'allure** (f.)
zufällig sein: **être le fruit du hasard**
dementsprechend (adv.): **en conséquence**
in etw. eindringen: **s'introduire dans qc**

alle Ewigkeit zu dritt existieren zu müssen, ist eine zusätzliche Folter, weil eine solche Gruppe notwendigerweise instabil und damit unerträglich ist. In einem Trio gibt es ein Ich, ein Du und ein Er, einen Zuschauer. Das Ich und das Du können auf der Grundlage gegenseitigen »Vertrauens« ein Paar bilden. (Estelle: »Si tu veux ma confiance, il faut commencer par me donner la tienne«; 47,46 f.). Aber der Dritte beobachtet uns, erkennt die Komödie, die wir ihm vorspielen, die Lügen und falschen Alibis.

Dazu hat Sartre die drei Protagonisten mit Merkmalen und Bedürfnissen ausgestattet, die ein harmonisches Miteinander unmöglich machen, weil niemand die Bedürfnisse des anderen befriedigen kann oder will: Inès begehrt Estelle, Estelle braucht für ihre Selbstbestätigung einen Mann und Garcin muss zu seiner Rechtfertigung jemanden davon überzeugen, dass er kein Feigling ist. Und jeder hat die Macht, sich für die Frustration seiner Bedürfnisse zu rächen. Inès behauptet, einen Fleck auf Estelles Gesicht gesehen zu haben, als diese ihr das vertrauliche Du verweigert (27,45–51), Garcin und Estelle quälen Inès, indem sie sich vor ihr ausziehen (51,55–59), und Inès schlägt gegen Garcin zurück: »Ha! lâche! lâche! Va! Va te faire consoler par les femmes« (51,62).

Lebendiger Tod

Huis clos beruht auf einer fantastischen Konstruktion: Die drei Personen sind gestorben und stehen doch sehr lebendig vor uns. Sie haben einen Körper, bewegen sich, sprechen, sehen, hören

zusätzlich: **supplémentaire**
instabil: **instable**
Bedürfnis: **le besoin**
Miteinander: **la coexistence**

und haben sogar noch sexuelle Bedürfnisse. Zwar können sie weder schlafen noch essen, ansonsten ist an ihnen nichts Außergewöhnliches. Außergewöhnlich ist jedoch, dass sie ihr eigenes Leben als abgeschlossenes Ganzes betrachten müssen. Es bleibt ihnen nur, die endgültige Bilanz ihres Lebens zu ziehen. »Le trait est tiré. Il faut faire la somme« (51,41), sagt die hellsichtige Inès. Gegen diesen grausamen Zustand, sein verpfuschtes Leben zu betrachten und nichts daran ändern zu können, lehnt sich Garcin vergeblich auf, indem er die Schuld dafür von sich weist (»Je suis mort trop tôt. On ne m'a pas laissé faire mes actes«; 51,38 f.) und damit die Verantwortung einem anonymen »on« zuschreibt.

Wirkungsabsicht

Missverständnisse

Sartre hat in einem Interview betont, dass der Satz »L'enfer c'est les Autres« immer wieder falsch verstanden worden sei. Er wolle damit nicht sagen, dass die Beziehungen zwischen Menschen immer höllisch sind. Der andere werde nur dann zur Hölle, wenn die Beziehungen zu ihm verdorben seien. Man brauche das Urteil des anderen, um sich selbst zu

zwar: **certes**
ansonsten: **à part cela**
hellsichtig: **lucide**
verpfuscht: **raté(e)**
Wirkungsabsicht: **l'intention** (f.)
etw. betonen: **souligner qc**
höllisch: **infernal(e)**
etw. verderben: **corrompre/pervertir qc**

kennen. Nur wenn die Beziehungen schlecht seien, begebe man sich in eine totale Abhängigkeit. Und das sei die Hölle. Das heißt aber nicht, dass man nicht andere Beziehungen haben kann. Sartre will damit einfach zeigen, welch zentrale Bedeutung die anderen für den Einzelnen haben.

Ein weiterer Irrtum, der übrigens dazu beigetragen hat, dass das Stück die Zensur passieren konnte, besteht in der Auffassung, dass die drei in der Hölle sind, damit sie dafür bestraft werden, dass sie Sadisten und Mörder sind, dass sie also für eine konkrete Schuld büßen müssen. Sie selbst scheinen dieser Ansicht zu sein. Inès stellt fest: »Nous sommes entre nous […]. Entre assassins« (22,24–26), wenig später: »Il y a des gens qui ont souffert pour nous jusqu'à la mort et cela nous amusait beaucoup. À présent, il faut payer« (23,33–35). Und Garcin gesteht: »Je suis ici parce que j'ai torturé ma femme« (30,27f.). Menschen für ihre bösen Taten, ihre Sünden zu bestrafen, wäre die Funktion der traditionell gedachten Hölle. Sartre aber bestraft seine Helden dafür, dass sie nicht frei und authentisch gelebt haben. Garcin fühlte sich als pazifistischer Held, der seine Frau misshandeln durfte, »parce que tout est permis aux héros« (51,32), wie Inès ironisch anmerkt. In der ersten Krise ergriff er aber die Flucht, anstatt

dazu beitragen, dass: **contribuer à ce que**
in etw. bestehen: **consister en qc**
Auffassung: **l'avis** (m.)
für etw. büßen: **payer pour qc**
Sünde: **le péché, la faute**
anstatt: **au lieu de**

sich zu seinem Ideal zu bekennen und eventuell dafür zu sterben. Dass er verhaftet und hingerichtet wird, als er versucht, der Gefahr aus dem Wege zu gehen, ist eine zusätzliche bitter-ironische Pointe. Estelle ist aus gesellschaftlichen Rücksichten, und um ihr luxuriöses Leben fortsetzen zu können, bei ihrem ungeliebten Ehemann geblieben, statt sich authentisch für ihren Liebhaber und ihr Kind zu entscheiden. Inès hielt sich wegen ihrer Homosexualität und ihrer boshaften Natur bereits zu Lebzeiten für verdammt, von der Gesellschaft ausgeschlossen, determiniert und damit ihrer Freiheit beraubt. Statt sich frei zu ihren Neigungen zu bekennen, hat sie sich in das Gefühlsleben ihrer Freundin eingeschlichen und sie durch die vorgeblich gemeinsame Schuld am Tod des Ehemanns an sich gebunden, obwohl sie sie offenbar nicht geliebt hat. Sie nennt Florence »une petite sotte« (13,16) und sagt über sie: »Pour finir, elle m'est restée sur les bras« (32,27).

Der Tod ist der Augenblick der Abrechnung, denn es besteht keine Möglichkeit mehr, handelnd das Leben zu verändern und ein anderer zu werden.

Theater als moralische Anstalt

Friedrich Schiller hat in einer Rede mit dem Titel *Die Schaubühne als eine moralische Anstalt betrachtet* seine Vorstellungen von der Funktion des Theaters formuliert: Es soll »ei-

sich zu etw. bekennen: **rester fidèle à qc**
Rücksichten: **les considérations** (f.)
vorgeblich (adv.): **soi-disant**
jdn. an jdn. binden: **lier qn à qn**
Abrechnung: **les comptes** (m.)
Rede: **le discours**

ne Schule praktischer Weisheit« sein, d.h. es soll den Menschen erziehen und belehren, indem es ihm menschliche Tugenden, Leiden, Torheiten und Laster vorführt. Es soll weiter eine gesellschaftspolitische Bedeutung haben, ein Instrument der Aufklärung sein.

Auch Sartre will erziehen und belehren, allerdings in anderem Sinne und auf andere Weise als dies die Dramatiker des klassischen Theaters getan haben. Sie stellten Helden auf die Bühne, mit denen sich der Zuschauer identifizieren, deren Schicksal er durch Einfühlung miterleben und miterleiden sollte. Um dies zu erreichen, musste die Handlung des Dramas möglichst wahrscheinlich sein, der Zuschauer musste sie für wahr halten können.

Sartre will keine Einfühlung. Ähnlich wie bei Brecht soll der Zuschauer das Geschehen aus der Distanz beobachten und das, was er sieht, denkend verarbeiten. Um den Zuschauer auf Distanz zu halten, hat er eine fantastische Situation geschaffen, die es von vornherein unmöglich macht, das Bühnengeschehen mit der Wirklichkeit zu verwechseln. Seine Personen sind Anti-Helden, mit denen

Weisheit: **la sagesse**
Tugend: **la vertu**
Laster: **le vice**
Einfühlung: **l'identification** (f.)
jds. Schicksal miterleben: **partager les expériences** (f.) **de qn**
jds. Schicksal miterleiden: **partager les souffrances** (f.) **de qn**
etw. verarbeiten: **assimiler qc**
von vornherein: **dès le départ**
Bühnengeschehen: **l'action** (f.) **scénique**
Wirklichkeit: **la réalité**
etw. mit etw. verwechseln: **confondre qc avec qc**

sich niemand identifizieren wird, die den Zuschauer vielmehr gerade durch ihr Scheitern dazu anregen sollen, über sein eigenes Handeln nachzudenken und über sein Leben zu entscheiden, solange er dazu in der Lage, d. h. nicht tot ist wie Inès, Estelle und Garcin. Durch Garcin, der seine Heldentaten immer wieder auf später verschoben hat und sich nun darüber beklagt, dass er zu früh gestorben sei, durch sein negatives Beispiel werden wir aufgefordert, jetzt, in der Gegenwart, durch Taten unserem Leben einen Sinn zu geben.

Sartres Moral ist also eine Moral des Handelns, des persönlichen Engagements. Dabei predigt er keine Wahrheit, denn eine allgemein gültige Wahrheit, wie sie die Religion anbietet, gibt es nicht. Jeder muss seine eigene Wahrheit schaffen. Das heißt aber nicht, dass alle Handlungen gleich wertvoll sind. Sonst könnte sich ein Mörder damit rechtfertigen, dass er eben die Wahl getroffen hat, ein Mörder zu sein. Sartres Kriterium, um gute von schlechten Taten zu unterscheiden, ist deren Nutzen für die Allgemeinheit. Und hierin liegt das Risiko, das jedes Handeln in sich birgt. Man kann im Voraus nicht sagen, ob man Recht hat oder nicht, ob das gewählte Engagement von Nutzen ist oder nicht. Für Sartre ist es jedoch besser, dieses Risiko

jdn. zu etw. anregen: **inciter qn à faire qc**
sich beklagen: **se plaindre**
jdn. zu etw. auffordern: **inviter qn à faire qc**
etw. predigen: **prêcher qc**
gleich wertvoll sein: **avoir la même valeur**
Nutzen: **le bénéfice**
Allgemeinheit: **la collectivité**
etw. in sich bergen: **porter qc en soi**
von Nutzen: **utile**

in Kauf zu nehmen, als sich gar nicht zu engagieren. Sich zu irren mag tragisch sein, aus Angst vor dem Irrtum gar nichts zu tun, ist unmoralisch.

Sprache

Manche konservativen Kritiker haben Sartre vorgeworfen, das Stück sei schlecht geschrieben. Ein solches Urteil aber setzt voraus, dass man als Maßstab den hohen Stil der klassischen Tragödie anlegt.

Stilebene

Tatsächlich ist Sartres Sprache von literarischer Perfektion weit entfernt. Seine Dialoge sind voll von Wendungen der Umgangssprache, Interjektionen (»Bah! Ah bon, Eh bien, Hé, Hum, Hein«), Satzellipsen bis hin zu Einwort-Sätzen (»Rien de fragile; Pourquoi dormir; Tandis que le bronze, à la bonne heure; De tous mes yeux; Et puis; et après; Alors voilà; voilà«) und Ausrufen (»Quel cauchemar! Quelle extravagance!«). Statt des schriftsprachlichen »cela« wird meist »ça« verwendet (»c'est comme ça; ça n'a aucune importance; j'adorais ça«).

Umgangssprachliche Merkmale kennzeichnen auch die Syntax: »Est-ce que« und Intonationsfragen statt Inversion (»Qu'est-ce que vous voulez? Est-ce que toutes les cham-

etw. in Kauf nehmen: **être prêt(e) à accepter qc**
konservativ: **conservateur(-trice)**
etw. als Maßstab anlegen: **prendre qc comme critère**
Wendung: **la tournure**
Umgangssprache: **le langage familier**
Satzellipse: **la phrase elliptique**

bres sont pareilles? Ça ne vous dit rien? Vous voulez rire?«), expressive Ausklammerung von Satzteilen (»Et moi, qu'est-ce que vous voulez que j'en fasse? Une situation fausse dans une salle à manger Louis-Philippe, ça ne vous dit rien?«).

Die Gründe für die Wahl einer so ungepflegten, zum Teil regelrecht vulgären Sprache liegen wohl darin, dass eine poetische, klassische Diktion den Charakter des Unwirklichen noch verstärkt hätte, der durch die fantastische Situation der lebenden Toten gegeben ist. Die Umgangssprache erhöht dagegen die Wahrscheinlichkeit, sie zeigt den gewöhnlichen, fast banalen Charakter dieser Hölle. Indem der Zuschauer die Personen sprechen hört, wie sie auf der Straße sprechen könnten, wird er das Gehörte auch eher annehmen.

Sprache als Ausdruck der Persönlichkeit

Alle drei Personen drücken sich verschieden aus, und zwar je nach der sozialen Stellung, die sie im Leben einnahmen. Garcin, der ›engagierte‹ Journalist, ist ein Intellektueller, der gerne abstrakte Vokabeln verwendet und entsprechend den Konventionen der Höflichkeit formuliert (»Je comprends très bien que ma présence vous importune. Et personnellement, je préférerais rester seul: [...] Mais je suis sûr que nous pourrons nous accommoder l'un de l'autre«; 14,20–23). Außerdem vermag er auch, selbst banale Vorgänge wie das Öffnen und Schließen der Augen-

Ausklammerung: hier: **la mise en relief**
Satzteil: **la partie de phrase**
ungepflegt: **négligé(e)**
zum Teil: **partiellement**
etw. verstärken: **renforcer qc**
Wahrscheinlichkeit: **la probabilité**
gewöhnlich: **commun(e)**

lider anschaulich, fast poetisch zu beschreiben (10,20–24). Inès, die Postangestellte, spricht einfacher und direkter. Ihre Sätze sind meist kurze Hauptsätze, ihr Vokabular ist eingeschränkt und durch ständige Wiederholungen gekennzeichnet (»Ils l'ont louée. Les fenêtres sont grandes ouvertes, un homme est assis sur mon lit. Ils l'ont louée! ils l'ont louée! Entrez, entrez, ne vous gênez pas. [...] Cette chambre est à moi! Elle est à moi!«; 36,11–16). Estelle spricht die Sprache der Bourgeoisie. Sie verwendet Höflichkeitsfloskeln (»Plaît-il?«), redet Inès mit Madame, Garcin mit Monsieur an und verbietet ihm, grobe Wörter zu benutzen (18,5–10). Gewohnt, eine Anzahl Dienstboten zu befehligen, vergleicht sie das Personal der Hölle mit Untergebenen, Angestellten ohne Bildung und verabschiedet den Kellner mit der für sie typischen Arroganz: »*Garçon*: Avez-vous encore besoin de moi? – *Estelle*: Non, allez. Je vous sonnerai« (17,30 f.).

Sprache der Unaufrichtigkeit

Diese Form der Sprache ist einerseits realistisch. Andererseits dient sie den unaufrichtigen Personen Estelle und Garcin dazu, ihr wahres Wesen hinter einer Fassade gesellschaftlicher Konventionen zu verbergen. Als sie von Inès gezwungen werden, ihre Masken abzulegen, ändert sich auch ihre Sprache. Nun verzichten sie auf Formeln der Höflichkeit und des bürgerlichen Anstands und reden ebenso direkt und drastisch, wie Inès das von Anfang an

Hauptsatz: **la proposition principale**
eingeschränkt: **limité(e)**
Höflichkeitsfloskeln: **les formules** (f.) **de politesse**
jdn. befehligen: **avoir qn sous ses ordres**
Anstand: **la bienséance**
von Anfang an: **d'emblée**

tut. Die Anrede »monsieur« und »madame« wird aufgegeben, man geht vom förmlichen »vous« zum »tu« über. Garcin verzichtet auf seine Rolle als engagierter Intellektueller und erweist sich als gescheiterter Abenteurer: »Moi, je me foutais de l'argent, de l'amour. Je voulais être un homme. Un dur. J'ai tout misé sur le même cheval« (50,27 f.). Estelle vergisst ihren mondänen Jargon. Sie, die doch derbe Wörter verabscheut, hofft, dass Inès verreckt (»Serre-moi plus fort contre toi, Garcin; elle en crèvera«; 52,4 f.). Ihre sexuellen Wünsche äußert sie mit einer Direktheit, die das zeitgenössische Publikum schockiert haben dürfte: »Mais tu as ma bouche, mes bras, mon corps entier, et tout pourrait être si simple« (43,62 f.); »Mon chéri, mon chéri! Regarde-moi, mon chéri! Touche-moi, touche-moi. [...] Mets ta main sur ma gorge« (46,7–9); »Prends ma bouche; je suis à toi tout entière« (52,10).

In dem Maße, in dem die drei Personen ihre wahre Natur enthüllen, gelangen sie zu einer sprachlichen Wahrhaftigkeit, deren Wirkung der Zuschauer sich nicht entziehen kann. Als Garcin behauptet, er habe sein Heldentum gewählt, und sein Versagen damit entschuldigt, dass er zu früh gestorben sei, um seine Handlungen durchzuführen, entgegnet ihm Inès: »On meurt toujours trop tôt – ou trop tard. Et cependant la vie est là, terminée; le trait est tiré, il faut faire la somme. Tu n'es rien d'autre que ta vie« (51,40–42). Diese ebenso einfache wie klare Feststellung,

von etw. zu etw. übergehen: **passer de qc à qc**
auf etw. verzichten: **renoncer à qc**
zeitgenössisch: **contemporain(e)**
sich einer Sache entziehen: **se dérober à qc**

der Garcin nichts entgegenzusetzen hat, richtet sich nicht nur an ihn, sondern auch an den Zuschauer, der sich durch das suggestive »tu« direkt angesprochen fühlen muss.

Eine wichtige Bedeutung kommt auch den non-verbalen Ausdrucksmitteln zu (Gestik, Mimik, Sprechweise), die der Autor in den zahlreichen Regieanweisungen festgelegt hat. Sie dienen dazu, die Emotionen der Personen darzustellen. Emotionen sind für Sartre unmittelbarer Ausdruck des Bewusstseins und somit ein Hauptweg zur Kenntnis des Menschen. Er definiert sie als Wunsch, die Welt zu verändern, wenn das Handeln nicht mehr ausreicht, also als eine Form der »conduite magique«. In *Huis clos* gibt es dafür viele Beispiele. Zu nennen wären Garcins Wutanfälle und aggressive Reaktionen, wenn er nicht mehr weiter weiß, wenn ihm gegenüber Inès die Argumente ausgehen. Ausdruck der Hilflosigkeit sind bereits seine aggressiven Reaktionen gegenüber dem Kellner (8,18 f.; 8,22 f.). Als Inès sich über seine und Estelles Geschichten lustig macht, droht er ihr mit

Nichtsprachliche Ausdrucksmittel

einer Sache nichts engegenzusetzen haben: **n'avoir rien à redire à qc**
sich an jdn. richten: **s'adresser à qn**
sich angesprochen fühlen: **se sentir concerné(e)**
Gestik: **la gestuelle**
Mimik: **la mimique**
Regieanweisung: **la didascalie**
Hauptweg: **la voie majeure**
nicht mehr weiter wissen: **ne plus savoir que faire**
Hilflosigkeit: **l'impuissance** (f.)

Schlägen. (23,36). Estelle fällt in Ohnmacht, um der für sie unerträglichen Situation, sich nicht sehen zu können, zu entgehen (25). Zu Beginn des Verhörs durch Inès und Garcin versucht sie wegzulaufen (34,4), während des Verhörs hat sie plötzlich »une crise de sanglots secs« (35,41). Dieses Schluchzen ist aber keineswegs ein Zeichen von Reue, sondern nur ein Mittel, das Mitleid der anderen zu erregen, damit sie sie nicht mehr unter Druck setzen. Wenn Garcin darauf mit der Bemerkung reagiert: »Inutile. Ici les larmes ne coulent pas« (35,42), so heißt das nicht nur, dass keine Tränen vergossen werden können, sondern auch, dass es in dieser Hölle kein Mitgefühl gibt.

Häufig kann der Zuschauer durch die gezeigten Emotionen die Unaufrichtigkeit der Personen erkennen, weil ihre Rede und ihr Betragen im Widerspruch zueinander stehen. Garcin widerlegt durch seine offensichtliche Nervosität seine Behauptung, er habe die Situation im Griff (»Je regarde la situation en face«; 9,41 f.; »Je ne prends pas la situation à la légère et je suis très conscient de sa gravité. Mais je n'ai pas peur«; 14,13–15) und wolle nun sein Leben in Ordnung bringen. Ständig steht er auf und setzt sich wieder, vergräbt sein Gesicht in den Händen und schreckt immer wieder aus nichtigen Gründen auf. Estelle spricht sehr lebhaft, als sie von ihrer Jugend und ihrer Heirat erzählt (21); sie will sich für unschuldig halten und sich so darstellen. Ihre Emotion widerspricht ihrer Behauptung: »Je n'ai rien à cacher« (22,1). Inès gibt sich gelassen, als ob

in Ohnmacht fallen: **s'évanouir**
nichtig: **futile**
sich so darstellen: **se présenter comme tel(le)**
gelassen: **impassible**

sie nichts erschüttern könnte. Aber auch diese Haltung ist eine Fassade, hinter der sie ihr Leiden verbirgt, die sie aber nicht aufrecht erhalten kann, als Garcin und Estelle sich umarmen.

jdn. erschüttern: **bouleverser qn**

6. Autor und Zeit

Jean-Paul Sartre wird am 21. Juni 1905 als Sohn eines katholischen Marineoffiziers und einer aus dem Elsass stammenden protestantischen Mutter geboren. Als der Vater fünfzehn Monate nach der Geburt seines Sohnes in Indochina an einer Tropenkrankheit stirbt, zieht die Mutter zurück zu ihren Eltern nach Meudon, einem Vorort von Paris. So verbringt Sartre seine Kindheit mit zwei Frauen und einem alten Mann, Charles Schweizer, einem liberalen und hochgebildeten Gymnasiallehrer, der ihn unterrichtet und in die Welt der Bücher einführt. Dieser erste Lebensabschnitt, den Sartre in seiner Autobiographie *Les mots* humorvoll und selbstkritisch beschreibt, ist von entscheidender Bedeutung. Von der Mutter und den Großeltern verhätschelt, gewöhnt er sich daran, in jedem Augenblick die Person zu spielen, die die Erwachsenen von ihm erwarten. Charles Schweizer, übrigens ein Onkel von Albert Schweizer, macht dem Knaben klar, dass er Großes von seinem geliebten Enkelsohn erwarte, und zwar auf dem Gebiete der Literatur. Der kleine

Kindheit mit Büchern

Tropenkrankheit: **la maladie tropicale**
hochgebildet: **très cultivé(e)**
jdn. in etw. einführen: **introduire qn dans qc**
Lebensabschnitt: **la période de la vie**
humorvoll (adv.): **avec humour** (m.)
selbstkritisch (adv.): **en faisant son autocritique**
entscheidend: **décisif(-ve)**
jdn. verhätscheln: **dorloter/gâter/choyer qn**
Gebiet: **le domaine**

Jean-Paul beschließt, die Rolle, die ihm sein Großvater zugedacht hat, anzunehmen und ein berühmter Schriftsteller zu werden.

Als seine Mutter 1917 wieder heiratet, zieht die Familie nach La Rochelle, wo Sartre zum ersten Mal eine öffentliche Schule besucht. Er ist ein brillanter Schüler, versteht sich aber mit seinen Kameraden ebenso wenig wie mit seinem Stiefvater. 1920 wird er Internatsschüler am renommierten Lycée Henri IV in Paris, wo er 1922 seine Abiturprüfung ablegt. Zwei Jahre lang bereitet er sich auf die Aufnahmeprüfung zur École Normale Supérieure vor, der Elitehochschule für Lehramtsstudenten.

Philosophiestudium

Während der fünf Jahre seines Philosophiestudiums lernt er die Denksysteme Descartes', Spinozas und Rousseaus kennen. Er liest Bergson, Schopenhauer, Nietzsche, Marx und Freud. Er trifft den späteren Schriftsteller Paul Nizan, mit dem er freundschaftlich verbunden bleibt bis zu dessen Tod an der Front, und er lernt Simone de Beauvoir kennen, die seine Lebensgefährtin bis zu seinem Tod bleiben wird.

1928 fällt Sartre aus bis heute rätselhaften Gründen bei der Lehramtsprüfung durch, er erreicht nur den nicht aus-

jdm. etw. zudenken: **réserver qc à qn**
eine Rolle annehmen: **assumer un rôle**
Stiefvater: **le beau-père**
Elitehochschule: **la grande école**
Lehramtsstudent: **l'étudiant qui se destine au professorat**
später: **futur(e)**
Lebensgefährtin: **la compagne**
bei einer Prüfung durchfallen: **échouer à un examen**

reichenden 50. Platz. Ein Jahr später schafft er es: Sartre belegt bei der Prüfung Platz 1, Simone de Beauvoir Platz 2.

Als Philosophielehrer unterrichtet Sartre in Le Havre, in Laon und in Paris, Simone de Beauvoir erhält ihre erste Anstellung als Philosophielehrerin in Marseille. Beider Lebensmittelpunkt bleibt Paris, wo sie sich immer wieder treffen und von wo aus sie ausgedehnte Reisen quer durch Europa und nach Nordafrika unternehmen.

1933 geht Sartre für ein Jahr als Stipendiat an das Institut Français in Berlin. Er entdeckt Heidegger und Husserl, dessen Phänomenologie sein philosophisches Denken stark beeinflusst, liest Faulkner, Hemingway und Kafka.

Erste literarische Arbeiten

1936 veröffentlicht Sartre seinen ersten philosophischen Essay *L'imaginaire*. 1938 erscheint *La nausée*, sein erster Roman, eines der wichtigsten Werke der französischen Romanliteratur des 20. Jahrhunderts, und ein Jahr später *Le mur*, eine Sammlung von Erzählungen.

Krieg und Okkupation

Bis Ende der 30er Jahre ist Sartre völlig unpolitisch, ein neutraler Beobachter, der – wie viele Intellektuelle – die Machtergreifung Hitlers für einen vorübergehenden Spuk hält. Durch die Erfahrung des Krieges, der Gefangenschaft

Anstellung: **le poste**
ausgedehnt: **prolongé(e)**
Stipendiat: **le boursier**
neutraler Beobachter: **l'observateur impartial**
Machtergreifung: **la prise de pouvoir**
vorübergehend: **passager(-ère)**
Spuk: **le cauchemar**

und der deutschen Besatzung ändert sich seine Haltung. Er engagiert sich in der Widerstandsbewegung, gründet die allerdings wenig erfolgreiche Widerstandsgruppe *Socialisme et Liberté* und arbeitet bei der illegalen Zeitschrift *Lettres Françaises* mit. Auch nimmt er an den geheimen Zusammenkünften des *Conseil national des écrivains* teil, die von dem kommunistischen Dichter Paul Éluard geleitet werden. Im Gegensatz zu Éluard, Camus und anderen Schriftstellern beteiligte er sich jedoch niemals an einer konkreten Widerstandsaktion, was er später folgendermaßen begründete: »Je suis un écrivain qui résiste, non un résistant qui écrit«.

Seine ersten Theaterstücke, *Les mouches* und *Huis clos*, thematisieren die Notwendigkeit des politischen Engagements als logische Konsequenz der Freiheit und der Verantwortlichkeit des Menschen. Auch in dem 1945 erschienen Roman *L'âge de raison*, dem ersten Band des unvollendet gebliebenen Romanzyklus *Les chemins de la liberté*, zeigt sich Sartres Entwicklung. Sein Held Matthieu verzichtet auf sein bequemes, aber völlig steriles Leben und engagiert sich im politischen Kampf.

Zwei Jahre zuvor ist Sartres berühmtestes philosophisches Werk *L'Être et le Néant* erschienen.

Nachkriegszeit: Erfolgsautor und Vordenker

Nach dem Krieg gibt Sartre seine Lehrtätigkeit auf und wird freier Schriftsteller. Sein atheistischer Existentialismus kommt in Mode, weil er Antworten zu bieten

geheim: **clandestin(e)**
unvollendet: **inachevé(e)**
in Mode kommen: **devenir à la mode**

scheint auf die großen Fragen dieser Epoche, in der nach der Katastrophe des Zweiten Weltkriegs eine neues Frankreich und ein neues Europa entstehen sollte. Populär kann Sartres Denken auch deshalb werden, weil er es versteht, in seinen Romanen und Theaterstücken das Wesentliche seiner philosophischen Theorien klar und allgemein verständlich zu formulieren und dem Publikum nahe zu bringen. Seine Dramen behandeln wichtige Fragen der Zeit: *La putain respectueuse* (1946) prangert den Rassismus im Süden der USA an, *Morts sans sépulture* (1946) thematisiert Folter und Tod, in *Les mains sales* geht es um den Konflikt zwischen Wirklichkeit und politischem Idealismus und *Le diable et le bon Dieu* zeigt, dass der Mensch allein Herr über sein eigenes Schicksal ist.

Zugleich äußert sich Sartre immer wieder öffentlich zu nationalen und internationalen Problemen. Als Sympathisant der Kommunistischen Partei Frankreichs (PCF), der er jedoch nur für kurze Zeit beitritt, demonstriert er gegen den Kalten Krieg, kämpft gegen Frankreichs Kolonialkriege in Indochina und Algerien, unterschreibt 1960 mit anderen Künstlern und Literaten die *Déclaration sur le droit à l'insoumission dans la guerre d'Algérie*, ein Manifest, das die Soldaten indirekt zur Fahnenflucht auffordert. 1956 protestiert er gegen die Militärintervention der UdSSR in Ungarn

jdn. etw. nahe bringen: **familiariser qn avec qc**
etw. behandeln: **traiter de qc**
sich zu etw. äußern: **se prononcer sur qc**
demonstrieren: **manifester**
Fahnenflucht: **la désertion**
UdSSR: **l'URSS** (f.)
Ungarn: **la Hongrie**

Jean-Paul Sartre (um 1950)

und distanziert sich damit von der PCF. Gleichzeitig verfasst er Essays und hält Vorträge über seine philosophischen Theorien, unter anderem *L'existentialisme est un humanisme* (1946). 1960 erscheint *Critique de la raison dialectique*, ein Essay, in dem er die marxistische Theorie mit der Forderung des Existentialismus nach absoluter Freiheit des Individuums zu vereinbaren sucht, das aber von französischen Kommunisten scharf angegriffen wird und so dazu beiträgt, dass seine Distanz zur PCF noch größer wird.

Nobelpreis

1964 erhält Sartre für sein Gesamtwerk den Nobelpreis für Literatur, den er jedoch aus politischen Gründen ablehnt,[8] was – besonders in der konservativen Presse – große Empörung hervorruft.

Literaturkritik und linkes Engagement

Im selben Jahr erscheint sein letztes literarisches Werk im engeren Sinne, *Les Mots*, eine Autobiographie seiner Kindheitsjahre, sowie der Essay *Qu'est-ce que la littérature*, in dem er die Rolle des Schriftstellers und der Literatur in der Gesellschaft analysiert. 1972 erscheinen die ersten drei Bände von *L'idiot de la famille*, einer Abhandlung über den realistischen Schriftsteller Gustave Flaubert.

Je skeptischer Sartre die Einflussmöglichkeiten der Literatur sieht, desto stärker wird sein politisches Engagement. 1967 übernimmt er den Vorsitz des Russel-Tribunals, das

Forderung: **l'exigence** (f.)
etw. mit etw. vereinbaren: **concilier qc avec qc**
Gesamtwerk: **l'ensemble** (m.) **de son œuvre**
Empörung: **l'indignation** (f.)
Abhandlung: **le traité**
Vorsitz: **la présidence**

die Kriegsverbrechen der Amerikaner in Vietnam untersucht. Während der Studentenrevolte im Mai 1968 solidarisiert er sich mit der Protestbewegung und prangert das brutale Vorgehen der Polizei an. Er begrüßt den Prager Frühling als hoffnungsvolle Entwicklung hin zu einem menschlichen Sozialismus und verurteilt den Einmarsch der Warschauer-Pakt-Staaten in die Tschechoslowakei. 1970 wird er nomineller Herausgeber der verbotenen linken Zeitschrift *La voix du peuple* und verteilt das Blatt eine Woche lang zusammen mit Simone de Beauvoir auf der Straße, ohne dass die Behörden es wagen, gegen ihn vorzugehen. Großes Aufsehen erregt 1972 Sartres Besuch bei Andreas Baader im Gefängnis von Stuttgart-Stammheim. Anschließend erklärt er in einer Pressekonferenz, es gehe ihm nur um die unmenschlichen Haftbedingungen der Gefangenen, er billige aber keineswegs die politischen Handlungen Baaders. Trotzdem reagiert die politische Öffentlichkeit Deutschlands mit Wut und Empörung und beschimpft Sartre als Terroristenfreund. Es würde hier zu weit führen, alle politischen Aktivitäten Sartres darzustellen, denn es gibt in diesen Jahren kaum ein Ereignis, zu dem er nicht Stellung bezieht.

etw. anprangern: **dénoncer qc**
Vorgehen: **l'intervention** (f.), **la manière d'agir**
hoffnungsvoll: **prometteur(-euse)**
Einmarsch: **l'invasion** (f.)
Warschauer Pakt: **le pacte de Varsovie**
Tschechoslowakei: **la Tchécoslovaquie**
gegen jdn. vorgehen: **s'attaquer à qn**
Aufsehen erregen: hier: **impressionner**
Haftbedingungen: **les conditions** (f.) **de détention** (f.)
etw. billigen: **approuver qc**

Die letzten Jahre

1973 erblindet Sartre allmählich. Er kann nicht mehr lesen noch schreiben. Nüchtern stellt er fest: »Mit meinem Beruf als Schriftsteller ist es vorbei. […] ich war, aber ich bin nicht mehr«, fügt dann aber hinzu: »Aber ich kann noch sprechen.« Um dennoch weiterarbeiten zu können, braucht er fremde Hilfe. Benny Lévy, einer der Köpfe der »gauche prolétarienne«, der extremen Linken, wird sein Sekretär, der ihm aus der Presse vorliest und mit dem er im Gespräch seine Gedanken entwickeln kann. Sartre verstummt nicht. Er hält Vorträge, gibt Interviews, nimmt an Pressekonferenzen teil. Er spricht sich für israelisch-palästinensische Friedensgespräche aus und setzt sich – noch 1979 – für die so genannten »boat-people«, Flüchtlinge aus dem nun von den Kommunisten beherrschten Vietnam, ein.

Sartres Gesundheitszustand verschlechtert sich ständig. Im März 1980 wird er wegen eines Lungenödems in ein Krankenhaus eingeliefert. Wenige Tage später fällt er ins Koma und stirbt am 15. April, ohne das Bewusstsein wiedererlangt zu haben. Als er auf dem Friedhof von Montparnasse beigesetzt wird, folgen mehr als 50 000 Menschen seinem Sarg.

erblinden: **perdre la vue**
nüchtern (adv.): **très objectivement**
Gespräch: **l'entretien** (m.), **la discussion**
verstummen: **se taire**
sich für jdn. einsetzen: **intervenir en faveur de qn**
sich verschlechtern: **empirer**
Lungenödem: **l'œdème** (m.) **du poumon**
jdn. beisetzen: **enterrer qn**

Das Phänomen Sartre

Dieser gewaltige Trauerzug war eine Demonstration, ein Bekenntnis Frankreichs zu einem Mann, der wie kein zweiter durch sein Werk das 20. Jahrhundert, das manche das Zeitalter Sartres nennen, geprägt hat. Einzigartig ist die quantitative Größe und die Vielfalt dieses Werks. Als Philosoph, Romancier, Dramatiker, Drehbuchautor und Publizist[9] setzte er sich kritisch mit seiner Epoche auseinander; er war die intellektuelle Stimme Frankreichs, die immer wieder irritierte, wenn er zuweilen fragwürdige Positionen vertrat, die man aber nicht ignorieren konnte.

Sartres Popularität und die Achtung, die man ihm entgegenbrachte, erklärt sich jedoch nicht nur aus seinem Werk, sondern auch und vor allem aus seinem Handeln. Zeit seines Lebens kämpfte Sartre mit großem moralischen Engagement unermüdlich gegen Imperialismus und Kolonialismus, gegen Menschenrechtsverletzungen, gegen Unterdrückung und Ausbeutung der Menschen in der Dritten Welt und

Trauerzug: **le cortège funèbre**
Demonstration: **la manifestation**
Bekenntnis zu etw.: **un hommage rendu à**
einzigartig: **unique en son genre**
Vielfalt: **la diversité**
Dramatiker: **le dramaturge**
Drehbuchautor: **le scénariste**
fragwürdig: **douteux(-se)**
etw. vertreten: **défendre qc**
Menschenrechtsverletzung: **la violation des droits** (m.) **de l'homme**
Unterdrückung: **la soumission**
Ausbeutung: **l'exploitation** (f.)
Dritte Welt: **le tiers-monde**

setzte sich unerschrocken – trotz zweier Mordanschläge der rechtsextremen Terrorgruppe OAS[10] – für die Unabhängigkeit Algeriens ein.

Eine Anekdote zeigt auf sehr anschauliche Weise Sartres Popularität, sein Ansehen in Frankreich und in der Welt: Als er, um sich für die Pressefreiheit einzusetzen, die verbotene maoistische Zeitung *La cause du peuple* verteilte, deren inhaltliche Positionen übrigens nicht die seinen waren, rieten politische Berater dem damaligen – konservativen – Staatspräsidenten, er solle Sartre verhaften lassen. De Gaulle soll geantwortet haben: »On n'emprisonne pas Voltaire[11].«

Hauptwerke

Theater

Les mouches (1943)
Huis clos (1944)
Morts sans sépulture (1946)
La putain respectueuse (1946)
Les jeux sont faits (scénario, 1947)
Les mains sales (1948)
Le diable et le bon Dieu (1951)
Kean (1953)
Les séquestrés d'Altona (1959)
Les Troyennes (1965)

unerschrocken (adv.): **courageusement**
Mordanschlag: **l'attentat** (m.) **à la vie de qn**

Romane und Erzählungen

La nausée (1938)
Le mur (1939)
L'âge de raison (1945)
Le sursis (1945)
La mort dans l'âme (1949)
Les mots (1964)

Literaturkritik

Baudelaire (1947)
Qu'est-ce que la littérature (1947)
L'idiot de la famille (1970–72)

Philosophie

L'imaginaire (1940)
L'Être et le Néant (1943)
L'existentialisme est un humanisme (1946)
Critique de la raison dialectique (1960)

7. Rezeption

Huis clos ist bereits bei der Uraufführung am 27. Mai 1944 im Théâtre des Colombiers ein großer Erfolg. Es wird bis Dezember desselben Jahres 163 Mal vor vollem Hause aufgeführt. Bereits im März des folgenden Jahres wird das Stück auf allgemeinen Wunsch wieder aufgenommen und bis 1954 fast ununterbrochen gespielt. Die kollaborationistische Presse entrüstet sich über den Skandal. Man kritisiert das Drama als vulgär, unmoralisch und zudem schlecht geschrieben. Manche fordern sogar ein Verbot. Diese Reaktionen waren vorauszusehen und von Sartre durchaus gewollt. Sartre schockiert und provoziert bewusst die Anhänger des Vichy-Regimes, das in der so genannten »Révolution Nationale« die Devise der Französischen Revolution von 1789 »Liberté, égalité, fraternité« durch »Travail, famille, patrie« ersetzte und damit unter anderem den Wert der Familie besonders betonte und die Frau ausschließlich als Mutter definierte. Sartre schockierte diese Gruppierung, indem er eine Lesbierin, eine nymphomani-

Nach der Uraufführung

Uraufführung: **la première**
ununterbrochen: **sans interruption**
sich über etw. entrüsten: **s'indigner de qc**
vorauszusehen (adj): **prévisible**
bewusst (adv.): **consciemment**
Anhänger: **le partisan**
ausschließlich (adv.): **exclusivement**
Lesbierin: **la lesbienne**

sche Kindsmörderin und einen Frauenhelden auf die Bühne stellte, wobei die Kritiker sich mehr über Inès' Homosexualität als über Estelles Mord aufregten.

Das intellektuelle Paris erkennt sofort die Bedeutung des Stücks, dennoch erscheinen – wohl aus Sicherheitsgründen – nur wenige positive Besprechungen.

Nach der Befreiung

Das ändert sich nach der Befreiung von Paris im August 1944. Vor allem das junge Publikum und die Kritik feiern das Stück enthusiastisch. Die Gründe für den Erfolg lassen sich aus der historischen Situation herleiten. In der unmittelbaren Nachkriegszeit befindet sich die französische Bevölkerung und vor allem die Jugend in einer tiefen Identitätskrise. Marschall Pétain[12], der Sieger von Verdun, wird plötzlich des Hochverrats angeklagt. De Gaulle[13], zunächst als der Verräter von London verschrien, ist nun der Retter der Republik. Die Widerstandskämpfer, die als blutrünstige Terroristen bezeichnet wurden, sind nun gefeierte Patrioten. Man erfährt von Konzentrationslagern, von

Kindsmörderin: **l'infanticide**
Frauenheld: **le Don Juan**
sich über jdn./etw. aufregen: **s'énerver à cause de qn/qc**
aus Sicherheitsgründen: **par précaution**
Besprechung: **la critique**
etw. feiern: **célébrer qc**
enthusiastisch (adv.): **de façon enthousiaste**
Nachkriegszeit: **l'après-guerre** (m.)
Sieger: **le vainqueur**
Hochverrat: **la haute trahison**
Retter: **le sauveur**
blutrünstig: **sanguinaire**

Folter und Grausamkeiten der Gestapo, aber auch der französischen Miliz, und muss erkennen, dass die traditionellen Wertesysteme die Barbarei nicht verhindern konnten. Da es universelle Werte nicht mehr gibt, erscheint die Freiheit der eigenen Wahl, die Sartres Existentialismus postuliert, der einzig authentische Weg hin zu einem anderen, einem neuen Frankreich zu sein. *Huis clos* illustriert und popularisiert diese Philosophie, indem es einfache Formeln anbietet, die auch ein dialektisch nicht geschulter Mensch verstehen kann.

Ideologisch bedingte Kritik

Bei allem Zuspruch wird das Drama kontrovers diskutiert und von gegensätzlichen ideologischen Positionen aus jeweils anderen Gründen angegriffen. Katholiken und Kommunisten kritisieren das Gefühl von Hoffnungslosigkeit, das von dem Stück ausgehe. Die Katholiken[14] bemängeln die Abwesenheit von Liebe, Gott und christlichen Werten, die Kommunisten vermissen das Handeln des Menschen im historischen Prozess.

Bis heute

Bereits 1946 wird *Huis clos* in England und den USA aufgeführt, die deutsche Uraufführung in Hamburg erfolgt 1949. Bis zum heutigen Tag bleibt das Drama auf den Bühnen der Welt prä-

Grausamkeit: **la cruauté**
Miliz: **la milice**
etw. erkennen: **reconnaître qc**
Barbarei: **la barbarie**
Zuspruch: **le succès**
von etw. ausgehen: **se dégager de qc**
etw. bemängeln: **critiquer qc**
etw. vermissen: **déplorer le manque de qc**

sent, zum einen, weil die Themen Freiheit und Verantwortung des Menschen auch heute wichtig und bedeutsam sind, zum anderen, weil das Stück dank seiner geschliffenen Dialoge und durch seine dramatische Spannung einen hohen Unterhaltungswert besitzt.

Verfilmungen

1954 wird *Huis clos* verfilmt, wobei die Regisseurin Jacqueline Audry zwei wichtige Änderungen vornimmt. Sie zeigt in einer fünfzehnminütigen Einleitungssequenz die Ankunft verschiedener Gäste, die an der Rezeption ihre Anmeldeformulare ausfüllen. Außerdem werden die Vorgänge auf der Erde, die im Stück nur von den Protagonisten erzählt werden, im Film direkt dargestellt. Ob diese Zusätze sinnvoll sind oder ob sie nur dazu dienen, den Film auf abendfüllende Länge zu bringen, wäre zu diskutieren. 1962 wird das Stück von dem argentinischen Regisseur Pedro Escudero zum zweiten Mal verfilmt und 1965 entsteht eine viel beachtete Fernsehfassung.

Erst 1990 nimmt die Comédie Française *Huis clos* in ihr Progamm auf. Damit ist Sartres Drama endgültig zu einem Klassiker der französischen Theaterliteratur geworden.

geschliffener Dialog: **le dialogue pertinent**
Unterhaltungswert: **la valeur de divertissement** (m.)
Änderungen vornehmen: **apporter des modifications** (f.) **à qc**
Einleitungssequenz: **la séquence d'introduction** (f.)
Gast: **le client**
Anmeldeformular: **le formulaire d'enregistrement** (m.)
Zusatz: **la scène supplémentaire**
abendfüllend: **qui occupe toute la soirée**
Fernsehfassung: **la version télévisée**
Klassiker: **le classique**
Theaterliteratur: **la littérature dramatique**

8. Dossier pédagogique

Dans ce dossier, il ne s'agit pas d'offrir une explication complète du texte. C'est plutôt une suite de suggestions destinées à vous aider à comprendre et à analyser la pièce. De plus, le dossier vous offre un choix de thèmes créatifs.

D'ailleurs, les chapitres de cette clé de lecture peuvent être étudiés indépendamment les uns des autres, exceptés les deux premiers qui devraient être lus en premier.

Thèmes pour l'analyse:

1. Expliquez le titre initial *Les Autres*. Pourquoi Sartre l'a-t-il changé en *Huis clos*? Justifiez votre opinion.
2. Expliquez les termes-clés de la philosophie sartrienne en vous référant au chapitre 5 de la *clé de lecture.*
3. Montrez que les scènes 1–4 remplissent la fonction d'exposition.
4. Personnages:
   a) Faites le portrait des trois personnages.
   b) Pensez-vous que l'un des personnages a un rôle plus important que les deux autres?
   c) Si vous étiez le metteur en scène, à quel acteur et à quelles actrices de votre connaissance donneriez-vous les rôles de Garcin, d'Inès et d'Estelle. Justifiez votre choix.
5. Structures:
   a) Relevez la progression du dévoilement de la mauvaise foi. Quel est le rôle d'Inès dans cette révélation?

b) Décrivez les essais vains des personnages pour échapper au mécanisme infernal (isolement, alliances, etc.).
c) Discutez la notion du temps en tenant compte des différences entre la durée de la pièce et le temps impliqué par le texte.
d) Décrivez la structure du lieu en insistant sur les éléments fantastiques de la pièce.
e) *Huis clos* – une tragédie ou une anti-tragédie?

6. Explication de texte:
   a) Décrivez les trois éléments qui constituent l'enfer sartrien.
   b) Précisez les raisons de la damnation de chaque personnage en étudiant leurs vies en détail.
   c) On dit que Sartre est moraliste sans être moralisateur. Justifiez cette opinion.

7. Réception:
   Expliquez le grand succès que *Huis clos* a connu depuis sa première représentation jusqu'à nos jours.

Thèmes pour »l'écriture créative«:

1. Après avoir introduit les trois personnages, le garçon va voir son oncle au troisième étage pour lui décrire les nouveaux arrivés. Rédigez cette scène.
2. Comme dans *Les jeux sont faits* les personnages de Huis clos peuvent revenir sur terre pour une journée. Choisissez l'un des personnages et suivez-le. Vous pouvez écrire une scène ou raconter dans un journal intime ce qui lui arrive.

3. Vous avez vu une représentation de *Huis clos*. Vous écrivez une lettre à un ami dans laquelle vous lui conseillez ou déconseillez d'aller voir la pièce.
4. Imaginez une autre fin pour *Huis clos*.
5. Créez un décor pour une mise en scène moderne de *Huis clos*.
6. Vous êtes journaliste à la *Gerbe*, publication favorable au régime de Vichy, et vous écrivez une lettre au gouvernement, dans laquelle vous exigez l'interdiction de la pièce.

9. Lektüretipps/ Medienempfehlungen

Textausgaben

Jean-Paul Sartre: Théâtre complet. Hrsg. von Michel Contat u. Jacques Degny. Paris: Gallimard, 2005. (Bibliothèque de la Pléiade 512.)

– *Huis clos* suivi de *Les mouches*. Paris: Gallimard, 1972. (folio 807.)

– *Huis clos*. Texte et documents. Hrsg. von Monika Beutter, Werner Höfer und Hans-Dieter Schwarzmann. Stuttgart: Klett, 1981 [u. ö.]. – *Nach dieser Ausgabe wird zitiert.*

Geschlossene Gesellschaft. Übersetzt von Traugott König. Reinbek bei Hamburg: Rowohlt, 1986. (rororo 15769.)

Gesamtdarstellungen zu Jean-Paul Sartre

De Beauvoir, Simone: La force de l'âge. Paris 1960.

Hackenesch, Christa: Jean-Paul Sartre. Reinbek bei Hamburg 2000. (rm 50629.)

Hastedt, Heiner: Sartre. Stuttgart/Leipzig 2005. (Reclam Bibliothek Leipzig 20120.)

Jeanson, Francis: Sartre par lui-même. Paris 1971.

Sartre, Jean-Paul: Un théâtre de situations. Textes rassemblés et annotés par Michel Contat et Michel Rybalka. Paris 1992 (Collection folio: essais 192.)

Untersuchungen zu Huis clos

Cornud-Peyron, Mireille / Hans-Georg Bläsi: Lektürehilfen zu Jean-Paul Sartre, *Huis clos*, *Les mouches*. Stuttgart [3]1996.

Galster, Ingrid: Sartre devant la presse d'occupation. Rennes 2005.

Hutier, Jean-Benoît: *Huis clos* de Jean-Paul Sartre. Paris 1997. (Profil d'une œuvre 31.)

Louette, Jean-François: Sartre contra Nietzsche (*Les mouches, Huis clos, Les mots*). Grenoble 1996.

Noudelmann, François: *Huis clos* et *Les mouches* de Jean-Paul Sartre. Paris 1993 (Foliothèque 30.)

Internetadressen

http://www.romanistik.info/bibliographie_sartre.html

http://www.gallimard.fr/catalog/Html/actu/index/index_sartre.html

Audiovisuelle Medien

Huis clos. Film von Jacqueline Audry (1954), mit Arletty als Inès, Gaby Sylvia als Estelle und Franck Villard als Garcin.

Huis clos. Précédé d'un entretien avec Moshe Naïm. Audio-CD. Paris: Gallimard, 2005. (Collection *À voix haute*.)

Anmerkungen

1 Sartre äußert sich selbst zur Entstehung in der Vorrede zur Schallplattenaufnahme des Stückes aus dem Jahr 1965. Der Text ist wiedergegeben in: Jean-Paul Sartre, *Un théâtre de situations*. Weitere Details in: Simone de Beauvoir, *La force de l'âge* (s. Lektüretipps).
2 Stalag: Abkürzung für ›Stammlager‹, Bezeichnung für Lager zur Unterbringung Kriegsgefangener des Zweiten Weltkriegs.
3 Zitiert wird mit Seiten- und Zeilenangaben nach: Jean-Paul Sartre, *Huis clos*, hrsg. von Monika Beutter [u. a.], Stuttgart: Klett, 1981 [u. ö.].
4 Vichy-Regime: Der verbliebene Teil Frankreichs nach der Niederlage gegen Deutschland und der Verfassungsänderung vom 17. Juli 1940. Es löste die Dritte Französische Republik ab, bestand bis 1944 und erhielt den Namen nach seinem Regierungssitz, dem Kurort Vichy in der Auvergne.
5 Vgl. Kap. 5.
6 In: Jean-Paul Sartre, *L'existentialisme est un humanisme*, Paris: Gallimard, 1996 (Folio essais, 284).
7 *Second Empire*: Zweites Kaiserreich unter Napoléon III., Periode von 1852 bis 1870, zwischen der Zweiten und der Dritten Republik.
8 In einem Brief an die Schwedische Akademie, der in *Le Monde* am 24. Oktober 1964 veröffentlicht wurde, begründete Sartre seine Ablehnung folgendermaßen: »J'ai toujours décliné les distinctions officielles. […] Ce n'est pas la même chose si je signe Jean Paul Sartre ou si je signe Jean Paul Sartre prix Nobel. […] L'écrivain doit donc refuser de se laisser transformer en institution même si cela a lieu sous les formes les plus honorables comme c'est le cas. […]
Mes raisons objectives sont les suivantes: Le seul combat actuellement possible sur le front de la culture est celui pour la coexistence pacifique des deux cultures, celles de l'est et celle de l'ouest. […] je sais bien que la confrontation entre ces deux cultures doit nécessairement prendre la forme d'un conflit, mais elle doit avoir lieu entre les hommes et entre les cultures, sans intervention des institutions.«

9 Sartre gründete 1945 die international renommierte literarisch-politische Monatsschrift *Les temps modernes*, 1973 die Tageszeitung *Libération*.

10 OAS: Organisation de l'armée secrète, von französischen Offizieren 1960 gegründete Terrororganisation, die versuchte, durch Sprengstoffanschläge und Morde an in Frankreich lebenden Algeriern die Unabhängigkeit Algeriens zu verhindern.

11 Voltaire (1694–1778): Einer der einflussreichsten Autoren der französischen Aufklärung, deren Ideen er u. a. in seinen *Lettres philosophiques* (1734) und seinem *Dictionnaire philosophique* (1764) verbreitete. Er kritisierte die Missstände des Absolutismus und die Macht der katholischen Kirche und war damit einer der geistigen Wegbereiter der Französischen Revolution, weshalb in Frankreich das 18. Jahrhundert das Jahrhundert Voltaires genannt wird.

12 Henri Philippe Pétain (1856–1951): Marschall im Ersten Weltkrieg; 1940 zuerst Ministerpräsident (Waffenstillstand mit dem Deutschen Reich), dann vom Parlament zum Präsidenten (*Chef d'État Français*) des deutschfreundlichen Vichy-Regimes gewählt (bis 1944). Er wurde als Kollaborateur 1945 zum Tode verurteilt, dann zu lebenslänglicher Haft begnadigt.

13 Charles de Gaulle (1890–1970): General und Staatsmann. Nach dem Waffenstillstand von 1940 organisierte er von London aus als Führer des Freien Frankreichs den Widerstand gegen die deutsche Besatzungsmacht und war nach der Befreiung von 1944 bis 1946 Ministerpräsident einer Übergangsregierung. Er wurde 1958 anlässlich der Algerienkrise mit dem Auftrag an die Macht gerufen, die öffentliche Ordnung zu gewährleisten. Er setzte eine neue Verfassung durch und begründete damit die V. Republik, deren Präsident er von 1959 bis 1969 war.

14 1948 setzte der Vatikan Sartres Schriften auf den Index, um den Gläubigen gefährliche Zweifel zu ersparen.